LE TOMBEAU DE JÉSUS

SIMCHA JACOBOVICI
ET CHARLES PELLEGRINO

LE TOMBEAU DE JÉSUS

La découverte, l'enquête et les preuves qui pourraient bien changer l'Histoire

Préface de James Cameron

Traduit de l'anglais (États-Unis)
par Loïc Cohen

Michel
LAFON

Titre original :
The Jesus Family Tomb

– Préface –
de James Cameron

Et si Jésus n'avait jamais existé ? C'est ce qu'affirment aujourd'hui de nombreux érudits qui présentent le personnage comme la synthèse entre le mythe païen de l'homme-dieu ressuscité et la tradition messianique juive. Ainsi, Jésus n'aurait pas plus de réalité historique que Zeus.

Les adeptes de religions païennes antérieures au 1er siècle de l'ère chrétienne vénéraient des hommes-dieux comme Osiris, Attis ou Dionysos, morts à l'époque de la Pâque (l'équinoxe de printemps), puis ressuscités trois jours plus tard. Ces trois divinités ont précédé Jésus de plusieurs siècles. La plupart des spécialistes estiment que la fête de Noël elle-même s'enracine dans la traditionnelle célébration païenne du solstice d'hiver. L'analogie que présentent les épisodes principaux de la vie de Jésus, par exemple la conception virginale ou la résurrection, avec des mythes bien antérieurs à son époque a conduit certains historiens à cette déduction : Jésus ne serait qu'un mythe créé pour étayer des dogmes théologiques. En l'absence de preuves matérielles attestant son existence, une telle conclusion semblait irréfutable.

Contre toute attente, c'est ce vide que vient aujourd'hui combler l'ouvrage de Simcha Jacobovici et Charles Pellegrino. Les auteurs démontrent, au-delà de tout doute raisonnable, que le tombeau juif du Ier siècle, découvert en 1980 à Talpiot-Est, un nouveau quartier de Jérusalem, est bien celui de Jésus et des siens. Plus stupéfiant encore, les indices matériels trouvés à l'intérieur de la sépulture révèlent des faits nouveaux concernant sa vie, sa mort et les liens qui l'unissaient aux membres de sa famille reposant à ses côtés.

Ce livre est la chronique de trois années d'enquête sur la plus extraordinaire découverte archéologique du siècle dernier. Avec rigueur et systématisme, Simcha et Charles analysent les éléments mis au jour au cours des fouilles en les confrontant aux Évangiles canoniques comme aux apocryphes, et dressent le premier tableau complet de la famille de Jésus. Cet ouvrage se lit comme un roman policier, et il faut souvent se rappeler que les faits présentés sont réels, bien réels.

Un jour, un journaliste, las sans doute d'évoquer mes films, m'a posé la question suivante : « Quel personnage historique auriez-vous aimé rencontrer ? » Si l'on pouvait, grâce à une machine à remonter le temps, croiser Newton, Benjamin Franklin ou Jules César, ne serait-il pas fascinant de découvrir qui ils étaient vraiment ? En ce qui me concerne, je choisirais peut-être Hatshepsout, seule femme pharaon de l'histoire de l'Égypte, parce que j'ai toujours aimé les femmes de pouvoir.

Toujours est-il qu'à cet instant ma réponse fut : « Jésus ». Bien que je ne pratique aucune religion, j'ai toujours été convaincu de l'existence historique du personnage, fût-il simplement un homme doté d'un charisme exceptionnel. Que l'on croie ou non à la divinité de Jésus, il est indéniable qu'il a marqué à jamais l'histoire de l'humanité.

Mais nous n'avons pas de machine à remonter le temps, et la physique semble indiquer que nous n'en aurons jamais. Nous devons donc nous en remettre à l'histoire et à sa discipline sœur, l'archéologie. Que nous apprennent ces sciences sur Jésus ? Un milliard et demi de chrétiens – plus d'un cinquième de la population mondiale – pensent tout connaître du Messie, mais que savons-nous avec certitude de l'homme ?

Jusqu'ici, nous ne disposions d'aucune preuve matérielle de son existence. Pas d'empreintes digitales, d'ossements, ni de portraits réalisés de son vivant, rien. Pas même un lambeau de parchemin écrit de sa main. Il y a, bien sûr, les célèbres reliques, comme le morceau de la vraie Croix ou le suaire de Turin, mais leur authenticité est mise en doute par nombre de scientifiques et d'archéologues.

Aucune source écrite suffisamment fiable – comparable par exemple aux comptes rendus des procédures judiciaires à Rome – ni aucun témoignage neutre ne nous sont parvenus. Nous ne disposons même pas de la moindre mention administrative de sa naissance.

Pour l'essentiel, ce que nous savons ou croyons savoir provient des quatre Évangiles canoniques (Matthieu, Marc, Luc et Jean). Mais que sont exactement ces textes ? Pour les croyants, ils transmettent directement la parole divine, rapportée par des hommes d'une grande

sainteté. Les historiens, toutefois, les considèrent aujour-
d'hui comme des œuvres composites, rédigées par plusieurs auteurs et fondées sur des traditions orales
transmises durant des décennies après la mort de Jésus.
Rien ne prouve que les auteurs des Évangiles aient
entendu les paroles de Jésus de sa bouche même.

Je ne suis pas historien de formation, mais j'aime l'histoire et l'archéologie depuis mon enfance. J'ai grandi
dans l'illusion que l'histoire, telle qu'on me l'enseignait,
était gravée dans la pierre. Mes premières incursions
dans l'investigation historique et archéologique me
montrèrent qu'il n'en était rien.

Pour préparer mon film *Titanic*, j'ai mené une enquête
approfondie sur ce désastre qui s'est déroulé il y a à
peine un siècle. Il fut décrit en détail par des centaines
de témoins oculaires et rapporté par une presse déjà
abondante à l'époque. En dépit de tout cela, je me suis
aperçu que les témoignages étaient sujets à caution et
que certains récits, orientés pour des raisons d'ordre
personnel ou commercial, étaient même tendancieux.
C'est pourquoi des séquences entières du déroulement
exact du naufrage restent floues aujourd'hui encore.
L'océanographe Robert Ballard a surpris les historiens
en révélant que le *Titanic* s'était brisé en deux parties,
alors que l'histoire « officielle » affirmait qu'il avait coulé
d'un seul tenant. Malgré trente-trois plongées sur le site
et cinquante heures de prises de vue avec des caméras-
robots à l'intérieur du paquebot, je ne suis toujours pas
en mesure de reconstituer l'enchaînement exact des
faits. Ces douze années d'investigation m'ont conduit à
penser que l'histoire est une sorte de récit consensuel.
C'est un mythe que nous accréditons. La « vérité » est

une cible mouvante : il faut sans cesse prendre en compte de nouveaux éléments pour la mettre *à* jour, à défaut de la mettre complètement *au* jour. Les sources historiques doivent toujours être questionnées, le contexte de leur production pris en compte et la position des témoins resituée.

Nous avons découvert beaucoup d'éléments surprenants sur l'épave, certains confirmant des faits « historiques », d'autres les infirmant. La coque et les indices matériels qui gisent à quelque 4 000 mètres au fond de l'océan ne mentent pas. Leur objectivité ne soulève pas les questions que posent les témoignages humains. L'histoire que nous racontent Simcha et Charles est fondée sur des données dont la solidité est comparable à celle de l'acier du *Titanic*. Elles doivent néanmoins être reliées à leur contexte d'origine et interprétées. Or cette interprétation est fortement tributaire des rares détails que nous livre le Nouveau Testament. Ces nouvelles données corroborent-elles ou contredisent-elles le récit biblique ?

Les Évangiles tels que nous les connaissons aujourd'hui ont été retranscrits et récrits à de nombreuses reprises. Ils ont été traduits d'une langue à une autre – de l'araméen au grec, du grec au copte, puis du copte au latin, et enfin dans diverses langues. Ils ont été remaniés par les Pères de l'Église, des siècles plus tard, pour les mettre en conformité avec les nouveaux dogmes. Pourtant, en l'absence de la moindre preuve matérielle, les Évangiles ont jusque-là constitué les seules sources sur la vie de Jésus.

Les évangiles apocryphes, par exemple les textes gnostiques trouvés en 1945 à Nag Hammadi, en Égypte, offrent un tout autre tableau de Jésus et de ses compagnons. Découverts par des paysans dans une jarre cachée sous un amas rocheux – sans doute pour les mettre à l'abri de l'Église orthodoxe du IVᵉ siècle, qui entendait éradiquer toutes les « hérésies » –, ces étonnants codex de papyrus montrent la diversité du christianisme primitif et livrent des éléments absents de l'Écriture officielle.

Dans l'Évangile de Marie, les Actes de Philippe ou l'Évangile de Philippe, par exemple, Marie Madeleine est présentée comme l'« apôtre des apôtres », un serviteur important du ministère de Jésus, que ce dernier préférait même à Simon-Pierre. Elle apparaît comme la « compagne » de Jésus, que celui-ci « embrassait souvent sur la bouche » (le mot *bouche* manque dans ce passage de l'Évangile de Philippe, mais beaucoup d'exégètes estiment qu'il s'agit bien de cela), provoquant la colère des autres disciples. Qu'en penser ? Marie Madeleine est un personnage énigmatique dans les Évangiles canoniques : elle est mentionnée plus souvent que toute autre femme, à l'exception de Marie, et elle est même présente lors de la crucifixion et de la résurrection. Pourquoi lui accorde-t-on tant d'importance ?

À l'issue d'investigations complexes et d'analyses médico-légales, la réponse que Simcha et Charles apportent à cette question est surprenante. Et les résultats de leurs recherches sur d'autres éléments du tombeau de Talpiot sont tout aussi étonnants. En tant que producteur du film documentaire qui a permis de financer cette enquête, j'en ai suivi chaque étape. Je n'en ai pas moins été captivé par la lecture de ce livre et impressionné par la précision de la démonstration.

Lors de ses enquêtes sur l'épave du *Titanic*, sur Ground Zero à New York, sur les ruines de Pompéi et d'Herculanum et sur les vestiges minoens d'Akrotiri, Charles m'avait habitué à cette rigueur dont il fait à nouveau montre pour restituer de manière convaincante la réalité qui se cachait derrière les Évangiles. Les conclusions auxquelles Simcha et lui-même sont parvenus sont aussi stupéfiantes que leurs preuves sont irrécusables.

Notre société entretient une relation schizophrénique avec le concept de preuve empirique. Notre système judiciaire repose sur des expertises médico-légales complexes, et recourt à un matériel sophistiqué pour analyser de minuscules échantillons de sang, de fibres, pour procéder à des tests ADN. Tout cela peut décider du sort d'individus, parfois menacés de la peine de mort, notamment aux États-Unis. Selon un sondage récent, 45 % des Américains ne croient pas à la théorie darwinienne de l'évolution. Ainsi, près de la moitié de la population de cette société qui se veut rationnelle, qui exige des preuves absolument pour tout, est capable d'ignorer deux siècles de recherches scientifiques, conduites avec la même rigueur et le même matériel qui permettent de décider de la vie ou de la mort d'un homme.

La foi et la médecine légale ne font pas bon ménage. Il y a ceux qui considéreront les révélations de ce document comme incompatibles avec leur système de croyances. Pour ceux-là, aucune preuve scientifique ne suffira jamais et nos conclusions ne seront à leurs yeux qu'une hérésie de plus. D'autres n'y verront aucun danger pour les fondements de leur foi. Ils découvriront au contraire que ce livre leur ouvre des horizons saisissants sur une histoire qui tient une place centrale dans leur religion. Ils trouveront un réconfort dans une compréhension plus profonde de Jésus, Marie, Marie Madeleine et des autres personnages souvent énigmatiques sur lesquels, depuis deux mille ans, on ne disposait jusqu'ici que d'informations très parcellaires. Quant aux non-chrétiens, cette enquête les fascinera pour ce qu'elle révèle sur la vie réelle de figures qui ont si fortement orienté le cours de la civilisation occidentale.

Je connais Charles Pellegrino depuis dix ans pour avoir souvent travaillé avec lui lors de reportages divers sur l'épave du *Titanic*, les ruines de Pompéi ou des bactéries extrémophiles [1] vivant dans des cheminées hydrothermales. Nous avons en commun une passion pour l'histoire et la science, et nous souffrons de la même curiosité maladive qui a envoyé *ad patres* quantité d'explorateurs ! Charles me présenta Simcha dans une atmosphère de mystère tout droit sortie d'un roman policier – avec notamment l'obligation de signer une clause de confidentialité – puis les deux compères me révélèrent les pistes qu'ils suivaient. C'était encore le début de l'enquête, mais j'ai trouvé leurs arguments convaincants, en particulier les données statistiques. Cela pouvait-il être vrai ? Avaient-ils réellement découvert les ossements de Jésus, Marie, Marie Madeleine, et même ceux de celui qui semblait être le *fils* de Jésus ?

L'enquête devait emprunter de nombreux détours

---

1. Micro-organismes capables de vivre et de se développer dans des milieux où les conditions sont extrêmes. (*N.d.T.*)

dans les deux années qui suivirent et révéler des surprises qui dépasseraient notre imagination, mais même au début des investigations, j'étais d'ores et déjà « accro ». Comme je le confiai un jour à Simcha, je n'aurais jamais pu imaginer un tel scénario.

Je n'avais pas de compétences particulières en matière d'études bibliques, mais je tenais absolument à rejoindre l'équipe. Je réalise des films documentaires, et il s'agissait d'une enquête archéologique tout autant que policière – deux angles sous lesquels j'avais déjà abordé mon travail. Je m'informai donc sur le sujet afin d'être utile à l'équipe. En fin de compte, je crois que j'ai apporté à mes camarades un certain bon sens populaire. Simcha et Charles connaissaient la question en profondeur tandis que je n'avais plus en mémoire que quelques bribes de catéchisme. Finalement, mon rôle a consisté à leur rappeler sans cesse que la grande majorité des lecteurs et spectateurs ne connaissent pas grand-chose au judaïsme du Ier siècle ou au christianisme primitif, avec tous les conflits entre les diverses sectes ; beaucoup, d'ailleurs, n'ont sans doute jamais entendu parler des Évangiles gnostiques.

Si j'étais le « conseiller » de notre équipe, Simcha en était le « pivot ». La volonté farouche de notre « Indiana Jones » à résoudre ce mystère entraîna le reste de l'équipe. Véritable moteur de toutes les activités, Simcha conduisit l'enquête sur le site et réalisa également le film, les deux entreprises étant financées par Discovery Channel aux États-Unis, Channel 4 en Grande-Bretagne et Vision TV au Canada. Le budget alloué a permis de lancer plusieurs expéditions à la recherche du tombeau perdu, de réaliser des tests ADN, d'analyser la composition chimique de diverses patines, de louer des caméras-robots, etc. – des moyens scientifiques que les archéologues ont très rarement à leur disposition. J'ai découvert en Simcha un homme drôle, passionné, d'une grande culture, et animé d'une volonté inlassable de traquer la vérité. Nous sommes tout de suite devenus amis.

Cette aventure nous faisait peur. L'ambition du projet susciterait inévitablement des controverses. Certains, trop ébranlés dans leurs certitudes, réagiraient sûrement avec violence. Étais-je vraiment prêt à vivre cela ? D'un autre côté, comment aurais-je pu refuser de prendre part à la plus grande découverte archéologique de tous les temps ? Comment prétendre être un réalisateur de documentaires en esquivant un tel sujet ? Je décidai de me lancer dans l'aventure, quelles qu'en soient les conséquences, mais sous certaines conditions, : je savais que je devrais assumer le projet jusqu'au bout. Si l'expertise médico-légale était limitée par le budget inhérent à un documentaire de deux heures, il n'était néanmoins pas question de faire l'économie de la rigueur concernant la provenance des échantillons et les procédures d'analyse. Il nous faudrait suivre à la lettre des protocoles stricts pour contrôler la fiabilité des données, faire appel à des chercheurs impartiaux, à la réputation indiscutable, et enfin soumettre nos résultats à un comité d'évaluation pour certifier nos conclusions, tout comme pour une revue scientifique. Charles, qui avait déjà publié dans de telles revues, en respecterait les exigences. Quant à Simcha, avec ses nombreux contacts dans les milieux de l'archéologie et des études bibliques, il pourrait mobiliser une équipe de conseillers de niveau international.

Certains des experts les plus réputés dans ce domaine ont apporté leur contribution à cette enquête. Cela n'empêchera pas nos résultats d'être mis en question, ce qui est légitime. C'est ainsi que la science peut aboutir à une vérité acceptée. Notre travail demande à être poursuivi par d'autres, afin que l'on puisse examiner les preuves plus en détail et avec des budgets plus conséquents. Cette étude plus approfondie prendra des années, voire des décennies. Quoi qu'il en soit, je crois que les résultats des investigations de Simcha et de Charles sont d'ores et déjà extrêmement convaincants.

J'écris ces lignes la veille de Noël. Le monde est affligé de nombreuses guerres, et plusieurs conflits traversent les contrées bibliques comme jamais depuis le temps des croisades. Il y a quelques mois, nous avons dû retarder la réalisation de la dernière partie de notre documentaire en raison du conflit israélo-libanais (des roquettes tombaient trop près de Nazareth, notre lieu de tournage). L'appel de Jésus à la compassion entre les hommes est plus que jamais d'actualité.

À Noël, nous célébrons la naissance d'un homme qui invoquait l'étincelle de bonté qui existe en chacun de nous, un homme qui, il y a deux mille ans, a donné l'espoir au monde. Ses paroles, ses pensées et ses actes se sont transmis de génération en génération, en conservant toute leur force. Qui était-il ? Apprêtez-vous à le rencontrer dans ce livre.

James Cameron
24 décembre 2006

– Chapitre premier –

UN SI LONG SOMMEIL...

La crucifixion de Jésus de Nazareth est la mort la plus célèbre de l'histoire.

Il y a deux mille ans, à Jérusalem, Jésus fut supplicié et exécuté par des soldats romains. Les Évangiles nous disent que son corps fut descendu de la croix, enveloppé dans un linceul et placé dans le tombeau de famille de l'un de ses disciples, Joseph d'Arimathie.

Le troisième jour, Marie de Magdala (Marie Madeleine), fidèle disciple de Jésus, trouva le tombeau vide. Cet épisode est à l'origine de la croyance chrétienne en la Résurrection.

Parmi les innombrables commentateurs de cet événement, combien se sont demandé pourquoi Jésus avait été inhumé dans un tombeau creusé dans le roc et non pas simplement enseveli dans la terre ?

Selon la loi juive, le corps d'un supplicié devait être inhumé « dans la terre » avant le coucher du soleil, le jour même de la mort (Deutéronome 21, 23). Les tombeaux creusés dans le roc étaient assimilés à des tombes enterrées. À Jérusalem, la roche de fond affleure presque partout à quelques centimètres de la surface du sol. Pour cette raison, les morts étaient placés dans des tunnels creusés à flanc de colline. Durant la plus grande partie du Iᵉʳ siècle, les tombeaux se présentaient généralement sous la forme de grottes creusées dans le roc et situées juste à l'extérieur des murs de la ville. Le tombeau typique se composait de deux salles, une antichambre et une salle centrale. Le corps du défunt était oint d'huiles, de parfums et d'épices dans l'antichambre, puis enveloppé dans un linceul.

Les résultats des fouilles de centaines de tombeaux dans les collines de Jérusalem corroborent parfaitement les descriptions de l'inhumation de Jésus faites par les quatre Évangiles. Ainsi, les données archéologiques confirment les textes évangéliques, selon lesquels le tombeau de Jésus fut scellé par une grosse pierre à l'entrée. Derrière cette pierre, allongé dans son linceul blanc, le corps du défunt mettait en général une année pleine pour se décomposer. Après la disparition des chairs, les ossements enveloppés dans le linceul étaient récupérés puis rassemblés dans un coffret de calcaire tendre appelé « ossuaire ». Parfois, le nom du défunt était inscrit sur un côté de l'ossuaire, qui était ensuite placé dans une petite niche, ou chambre funéraire, en contrebas du tombeau. Cet espace était consacré à l'inhumation permanente. Certains tombeaux contenaient les ossuaires de trois générations ou plus.

Nul ne sait pourquoi la pratique de l'ossuaire est apparue juste avant la naissance de Jésus. Certains archéologues et certains théologiens estiment que la croyance juive en une résurrection corporelle ou spirituelle est à l'origine de cette coutume, pour préserver les ossements jusqu'au Jugement dernier.

Quelle qu'en soit la raison, les Évangiles montrent que les disciples de Jésus accordaient une grande importance à l'enveloppement de son corps dans un linceul, puis à son inhumation dans un tombeau. En outre, la mort tardive de Jésus, un vendredi après-midi, imposait une inhumation rapide, avant la tombée du jour et le début du Shabbat. Le tombeau familial de Joseph d'Arimathie se trouvant à proximité, il servirait de lieu d'inhumation pour Jésus, jusqu'à ce que le corps puisse être transporté vers dans une sépulture permanente.

Les Évangiles nous disent également que, le dimanche précédant le déplacement du corps, Jésus a vaincu la mort, laissé le tombeau vide, puis est réapparu à plusieurs reprises devant ses disciples, physiquement ou sous une forme spirituelle.

Dans le chapitre 28 de son Évangile, Matthieu évoque la rumeur qui courut dans Jérusalem après la crucifixion de Jésus, selon laquelle les soldats romains chargés de garder le tombeau auraient vu ses disciples enlever secrètement le corps pendant la nuit. Matthieu (28, 13-16) ajoute que ce récit perdura très longtemps dans le monde juif.

Si les disciples ont enlevé le corps de Jésus, il a bien fallu l'inhumer dans un autre tombeau. Ensuite, sa famille a dû attendre que sa chair se décompose puis placer ses os dans un ossuaire, scellé pour toujours dans les profondeurs du caveau.

*
* *

Printemps 1980.

Il était environ 11 heures, ce matin du 28 mars 1980 – on approchait de la fin du Carême –, quand la lumière pénétra pour la première fois dans le tombeau, sous les coups de boutoir d'un bulldozer. En ce magnifique vendredi, toute la paroi sud de la salle s'effondra, révélant ce qui ressemblait à un portail surmonté d'un symbole gravé que personne parmi les ouvriers n'avait vu auparavant.

Ce n'est que le lendemain, jour du Shabbat, après la disparition des nuages de poussière soulevés par le bulldozer et la dynamite, que l'on comprit la portée de cette découverte. Entre-temps, une bande de gamins avait entamé une partie de football avec des « choses » bizarres jonchant le sol.

Voilà comment tout a commencé et comment tout a failli finir.

Sans Rivka Maoz et un entrepreneur de travaux passionnés d'histoire, les dommages occasionnés à ces vestiges auraient été sans doute irrémédiables, et personne n'aurait jamais soupçonné l'ampleur de cette perte.

La famille de Rivka vivait à quelques pas du site. À l'époque, elle étudiait l'archéologie dans le cadre de sa formation de guide touristique à Jérusalem, et chaque soir elle lisait à son fils Uriel, âgé de onze ans, des histoires sur la Vieille Ville, son Temple et ses tombeaux.

Ce vendredi-là, l'enfant entra en courant à la maison, suppliant sa mère de venir voir ce qui – il en était certain – était un tombeau ancien, récemment mis au jour. Mais quand Rivka appela le Département des antiquités (qui deviendrait plus tard l'Autorité des antiquités israéliennes, ou AAI), on lui répondit que l'après-midi était déjà bien entamé et que tous les bureaux s'apprêtaient à fermer en prévision du Shabbat.

Rivka insista auprès de son interlocuteur en lui signalant qu'elle avait vu l'entrée d'un tombeau. Il n'y avait aucun doute dans son esprit : il s'agissait d'une découverte importante et le Département devait au minimum envoyer quelqu'un pour surveiller le site, de crainte que des trafiquants d'antiquités ne viennent de nuit dérober le contenu de la sépulture. Mais tout ce qu'on put lui promettre fut que l'ordre serait donné de cesser les dynamitages près du tombeau ; des archéologues viendraient sur le site le dimanche matin, après la fin du Shabbat.

Le samedi matin, Uriel se précipita de nouveau chez lui.

— Maman, cria-t-il, viens vite ! Des gosses ont trouvé des crânes et ils jouent au foot avec !

C'en était trop ! Tout ce flanc de colline était devenu un immense chantier de construction où les dynamitages étaient fréquents. Il était impossible de savoir combien de tombes avaient d'ores et déjà été détruites par les explosions ou les bulldozers. Rivka n'avait qu'une certitude ; des ossements et des dents provenant d'ossuaires millénaires étaient tous les jours perdus dans les terrassements. Un quart de siècle plus tard, Rivka évoque le miracle que fut la sauvegarde du « Tombeau aux dix ossuaires », alors que tant d'autres devaient disparaître à jamais.

Quand ils virent approcher Rivka et son mari avec de grands sacs en plastique noirs, les enfants qui jouaient avec les crânes s'enfuirent comme une volée de moineaux, laissant derrière eux le sol jonché d'arcades sourcilières et de morceaux de mâchoire. Au moins deux des crânes avaient volé en éclats comme des poteries sous les coups de pied des gamins.

Rivka et sa petite famille ramassèrent les ossements et les mirent dans les sacs en plastique puis rentrèrent chez eux pour les mettre à l'abri, en attendant les archéologues. Des années plus tard, Rivka devait raconter à des historiens qu'elle avait trouvé « plutôt amusant » de passer tout un week-end avec ces restes anciens dans sa cave. Uriel et elle éprouvaient une certaine fierté d'avoir protégé ces crânes et d'avoir honoré ces ancêtres inconnus pendant le Shabbat.

*
* *

Depuis l'époque lointaine où le tombeau fut décoré puis scellé, les grands prêtres du Temple, les Romains et le Temple lui-même avaient disparu. En cette fin de XXe siècle, une nouvelle civilisation jaillissait autour du mont du Temple et s'étendait vers la colline de Talpiot-Est. Le quartier fut plus tard rebaptisé Armon Hanatziv.

L'année 1980 fut marquée à Jérusalem par un essor du tourisme, de l'immigration et de la construction. À cette époque, les entreprises du bâtiment découvraient accidentellement de nouveaux sites archéologiques partout en Israël, au rythme d'une dizaine par mois, parfois même d'une dizaine par semaine. Selon la loi (rarement respectée), toute découverte devait être signalée immédiatement et les travaux interrompus jusqu'à la fin des fouilles archéologiques, des jours ou des semaines plus tard, selon la taille et l'importance de la découverte. D'après certaines estimations, il y aurait en Israël des milliers de sites archéologiques non encore répertoriés sur les cartes de l'Autorité des antiquités israéliennes, les plus anciens remontant à plus de quatre mille ans. En outre, l'AAI estime que la construction d'une tranchée d'irrigation, d'une cave ou des fondations d'un immeuble comporte à chaque fois un risque important de destruction de vestiges archéologiques.

Ce site, qui serait plus tard classé sous la cote IAA 80/500-509, selon l'année de sa découverte et l'ordre dans lequel ses objets les plus importants furent catalogués, commençait à causer quelques soucis à Efraym Shochat, maître d'œuvre, qui dirigeait les travaux de terrassement pour le compte de l'entreprise Solel Boneh. Naturellement, la destruction par explosif d'une vieille crypte oubliée n'avait rien d'inhabituel pour une société chargée de déblayer un terrain en vue de la réalisation d'un nouveau quartier. Bon nombre des collègues de Shochat, soucieux d'éviter des retards coûteux dans les travaux, avaient pris l'habitude de détourner les yeux quand ils découvraient une cavité intéressante, allant parfois jusqu'à sacrifier un tombeau, surtout s'il était petit et ne contenait qu'un ou deux ossuaires. Mais Shochat, lui, était incapable d'un tel comportement, même s'agissant d'un petit tombeau, et celui que l'un de ses bulldozers avait failli détruire était tout sauf minuscule.

Il y avait une petite cour devant la façade du tombeau, creusée dans la roche calcaire et ensevelie depuis des siècles sous une masse de terre rouge et de végétation sauvage. Elle mesurait près de cinq mètres de large. Juste au nord des vestiges de cette cour, un mur et une partie d'une salle s'étaient effondrés sous les assauts combinés de la dynamite et du bulldozer.

Quand Shochat pénétra à l'intérieur, il découvrit ce qu'il crut être à première vue une salle souterraine pas trop endommagée, mais qui n'était en réalité qu'une antichambre, avec un tunnel creusé au bas de la paroi nord et en partie fermé par une grosse pierre. Derrière, un passage conduisait jusqu'à une salle nettement plus grande. Manifestement, IAA 80/500-509 était un tombeau plus grand que la moyenne. Shochat n'était pas même sûr qu'il s'agissait d'un tombeau. Il y avait bien des morceaux de crâne mélangés aux gravats de l'antichambre, mais pas le moindre fragment d'ossuaire en pierre, si nombreux dans la région. Contrairement à ceux des ossuaires, les individus dont les crânes avaient été découverts dans l'antichambre n'avaient pas été inhumés selon les pratiques funéraires juives du Ier siècle. Quand Shochat ressortit au grand jour, il annonça d'une voix où perçaient autant le regret que l'enthousiasme :

– Il faut interrompre les travaux. Je crains qu'on ne soit tombé sur quelque chose d'intéressant, et même de très important.

Alors qu'Uriel se ruait à la maison, Shochat suspendait le chantier d'excavation dans un rayon de cinquante mètres autour du tombeau, puis téléphonait aux autorités compétentes, presque en même temps que Rivka Maoz. C'est ainsi, que, à 13 heures environ ce vendredi-là, les archéologues entendirent parler pour la première fois de IAA 80/500-509.

L'Autorité des antiquités israéliennes, installée dans le musée Rockefeller, assura à Shochat et à Rivka Maoz que des archéologues se rendraient sur le site le dimanche matin à l'aube, premier jour de la semaine. Les responsables de l'AAI devaient tenir leur promesse, c'est-à-dire se rendre sur place avant le début de la journée de travail le dimanche matin. Contraindre des ouvriers à rester les bras croisés pendant un ou deux jours ouvrables entraînait un important surcoût pour l'entreprise. Tout retard pouvait entacher la réputation du Département et risquait d'inciter un jour ou l'autre une entreprise échaudée à passer sous silence une découverte majeure.

Eliot Braun, un archéologue qui habitait à côté du chantier de construction, fut le premier à être envoyé sur les lieux, trois jours après la découverte du tombeau. Sa tâche consistait à conduire sur le site Yoseph Gat, un inspecteur de l'AAI. Amos Kloner, alors doctorant en archéologie de Jérusalem, les rejoignit rapidement.

On a perdu deux jours, pensa Gat alors qu'il se tenait avec Kloner sur le tracé d'une future rue dominant la cour et l'antichambre du tombeau. Un long moment, les trois hommes demeurèrent silencieux, juste au-dessus de la grotte, dans la brise fraîche de l'aube, s'interrogeant sur la portée réelle de ce petit arpent d'histoire. À la lumière d'une lampe torche, Gat se rendit compte à quel point la catastrophe avait été évitée de justesse. Le terrain autour de l'entrée était marqué de profonds sillons tracés par les chenilles des bulldozers et encombré d'immenses tas de débris rocheux mélangés à une terre rougeâtre.

Dans de telles circonstances, Gat compare son rôle à celui d'un pompier face à un immeuble en feu. Tout doit être fait très vite. Avec les meilleures intentions du monde, face à ce cas de figure, il est impossible d'organiser patiemment des fouilles dans les règles de l'art. Il s'agissait ici d'« archéologie de sauvegarde ». Les chercheurs ne disposaient que de quelques jours, et non de semaines, pour accomplir leur mission.

Durant les six jours qui restaient jusqu'au prochain Shabbat, il n'y avait rien d'autre à faire que de mettre à l'abri chaque objet et d'établir des relevés aussi précis que possible. Pour accomplir cette tâche, un étudiant nommé Shimon Gibson fut également affecté au chantier de Talpiot pour prendre des mesures, réaliser des croquis et noter l'emplacement de chaque objet dans les salles. Bien que très jeune, Gibson était déjà réputé pour son savoir-faire.

Kloner annonça que Shimon Gibson n'arriverait que bien après le lever du soleil, et en ce dimanche matin du 30 mars 1980, il n'y avait pas une minute à perdre. Gat prit donc la tête de l'équipe et franchit la cour quasiment disparue pour pénétrer dans l'antichambre à moitié détruite. Sur le mur nord, la lampe torche de Gat illumina ce qui ressemblait à première vue à un gâble en forme de V, au-dessus de la porte. Un examen plus attentif révéla qu'il s'agissait d'un ornement décoratif, un chevron ou un triangle incomplet, manifestement sculpté. Il mesurait plus d'un mètre de large, avec un cercle en relief en son centre. Perplexes, les hommes s'interrogèrent quelques instants sur la nature de cet élément.

Sous ce symbole, en contrebas, se trouvait le passage vers l'autre salle que l'on ne pouvait emprunter qu'en rampant sur les coudes. Dans ce tunnel, l'air était vicié, avec une légère odeur de craie humide et de terre moisie.

Après avoir rampé sur deux mètres, ils purent se relever à la sortie du tunnel. Ils se tenaient maintenant sur un tas de boue rouge accumulé depuis des siècles, probablement par couches successives de deux à quatre centimètres. Il s'agissait d'une ancienne terre arable, qui porte un nom scientifique bien précis. Cette *terra rossa* s'était infiltrée depuis l'antichambre – dont le sol était, semble-t-il, relativement propre avant l'arrivée des bull-dozers – à travers la pierre de scellement. Par endroits, elle atteignait la hauteur des genoux.

Gat, Braun et Kloner ne comprenaient pas pourquoi des fragments de crâne avaient pu être déposés dans l'antichambre. Dans les autres tombeaux de ce genre, les gens avaient laissé derrière eux des lampes à huile, des traces d'encens et des restes de ce qui était sans doute des repas cérémoniels, pris il y a deux mille ans. On pense que l'antichambre et la cour extérieure des tombeaux étaient des lieux de rencontre où les familles faisaient des offrandes en hommage à leurs ancêtres. On découvre parfois des vases et des coupes, ou des épices et des parfums dans de délicats récipients romains en verre. En revanche, les juifs du Ier siècle ne laissaient jamais les restes de leurs défunts se décomposer à l'extérieur du tombeau. IAA 80/500-509 était décidément plein de contradictions. La nature de l'air était elle-même un sujet d'étonnement : tour à tour très humide et très sec, et dans les deux cas oppressant. Le moindre mouvement des archéologues soulevait des particules de poussière, lesquelles, entraînées par les courants d'air, étincelaient comme des essaims de lucioles microscopiques chaque fois que les lampes les frôlaient.

Amos Kloner n'oublia jamais cet endroit, même si, de temps à autre, dans les années qui suivirent, il a prétendu le contraire. Le curieux symbole au-dessus de la porte de l'antichambre orne d'ailleurs l'ouvrage qu'il a publié sur les tombeaux de Jérusalem [1]. Et pourtant, en 2005, face à la caméra, il a nié à trois reprises que ce tombeau ait eu une réelle importance à ses yeux. Mais ceux qui connaissent le fin mot de l'histoire ne peuvent lui en vouloir.

En rampant sur des monticules de *terra rossa* d'un mètre de profondeur, les scientifiques découvrirent, dans trois des quatre murs de la salle, les entrées de six *kokhim* (« fours » en hébreu), ou *loculi* en latin, les niches destinées à recueillir les ossuaires. En tâtant le sol de sa main et en éclairant chacune des niches, Gat se rendit compte que cinq d'entre elles contenaient des ossuaires. Il en dénombra dix que les coulées successives de *terra rossa* avaient partiellement recouverts. Dans l'Antiquité – il était évident que personne n'était entré dans ce tombeau récemment – quelqu'un avait déplacé les pierres de scellement qui auraient dû normalement boucher les *kokhim*. Cela pouvait signifier que des pilleurs de tombe ou des vandales avaient pénétré dans le tombeau avant l'infiltration de la *terra rossa*. Pourtant, les ossuaires étaient toujours là, avec leurs couvercles intacts et parfaitement en place, comme si les intrus n'étaient venus ni pour piller ni pour saccager.

Peu de choses dans ce tombeau étaient familières aux archéologues, à l'exception peut-être de l'architecture. Au-dessus des niches, à l'abri des coulées de *terra rossa*, deux *arcosolia* (bancs taillés dans les chambres funéraires)

---

1. Amos Kloner et Zissu Boaz, *The Necropolis of Jerusalem in the Second Temple Period*, Yad Izhak Ben-Zvi, The Israel Exploration Society, 2003.

se trouvaient dans les murs nord et ouest. Ces bancs semblables à des autels étaient creusés dans la roche solide des collines de Jérusalem. Gat examina le travail des deux *arcosolia* et admira le soin apporté aux détails. « Il s'agit d'une grande tombe, sculptée avec beaucoup de soin sous la direction d'une personne qui disposait de moyens financiers conséquents, observa-t-il. Des personnages importants furent certainement enterrés ici. »

Yoseph Gat était un homme imperturbable. Aussi n'y avait-il aucune excitation dans sa voix, alors qu'il venait sans doute de prononcer l'euphémisme le plus spectaculaire de l'histoire. Il se rapprocha des deux bancs, sortit une petite loupe de sa poche et, pointant sa lampe vers le bas, il nota que les bancs constituaient un piètre environnement pour la préservation des occupants du tombeau. Il ne restait que de petits fragments de membres. Toutefois, les ossuaires toujours ensevelis recelaient des éléments biologiques extraordinaires que la technologie de l'époque ne permettait pas encore d'étudier et qui auraient eu de quoi stupéfier Gat, Braun et Kloner. « Mettons-nous au travail », dit Gat, en distribuant blocs-notes, bêches et pelles.

Dans un premier temps, personne ne s'intéressa à d'éventuelles inscriptions sur les ossuaires. Le principal souci de Gat était de les extraire de la boue sans les érafler. Gat et Kloner étaient trop occupés à les fixer sur des planches, puis à les hisser à travers l'étroite entrée pour songer à autre chose. En outre, les deux premiers ossuaires, à l'entrée des niches, étaient si incrustés de *terra rossa* qu'il était impossible de savoir s'ils portaient des épigraphes, et encore plus de les déchiffrer. Gat en apprendrait davantage sur ces coffres quand ils auraient séché au soleil. Un simple coup de brosse pourrait alors révéler d'éventuelles inscriptions. Environ vingt pour cent des ossuaires de Jérusalem en portent. Aussi, avec un peu de chance, ces dix-là pourraient révéler quelque chose d'intéressant.

Gat ne s'autorisa une pause pour boire un verre d'eau qu'après avoir extrait de leur niche trois autres ossuaires. Puis il entreprit de les examiner de plus près. Il dirigea sa lampe de façon à accentuer les ombres d'un étrange motif de rosette délicatement sculpté. Mais aucun nom n'était discernable, mis à part un « *Yes* » partiel, inscrit en caractères araméens. Un deuxième ossuaire portait le nom de Marie, écrit selon la prononciation latine, mais en caractères hébraïques (*Maria* au lieu de *Myriam*). Enfin, sur un troisième ossuaire, Gat crut discerner le nom de « *Mara* », en grec cette fois, malgré l'obscurité et un brossage incomplet de la terre rouge. *Étrange*, pensa-t-il. *Cela fait quand même beaucoup de langues pour un seul tombeau.*

Pendant ce temps, un ouvrier qui creusait une tranchée transversale dans le sol, en consolidant les espaces entre les niches, découvrit un crâne humain là où il n'avait aucune raison de se trouver : non pas sur un *arcosolium*, mais à même le sol de la salle. Perplexe, Gat continua de creuser, cette fois-ci un peu plus énergiquement, en expédiant l'un après l'autre des seaux remplis de terre à travers le tunnel de l'antichambre. Il découvrit bientôt un deuxième crâne sur le sol, puis un troisième qu'il reporta sur le plan.

Au même moment, Rivka Maoz se dirigeait vers le tombeau avec les deux sacs contenant les ossements qu'elle avait conservés chez elle. Le vent projetait de la poussière de pierre calcaire sur ses vêtements et dans ses yeux. La colline était encombrée de camions et d'engins de chantier. Rivka avait entendu dire que des tombeaux de dimensions encore plus grandes, jadis fermés par de lourdes pierres, étaient impitoyablement réduits en immenses tas de gravats, contenant des fragments d'ossuaires et de roche de fond. Rivka déplorait qu'après tant de siècles les anciens puissent être traités de la sorte.

Shimon Gibson s'était mis en route en retard vers ce tombeau inhabituellement vaste, lui avait-on dit, mais pas particulièrement extraordinaire. Le soleil était déjà haut dans le ciel et la journée de travail déjà bien entamée, comme en témoignait le son des cloches des églises du quartier chrétien.

Shimon remarqua aussitôt que la grande colline au centre du quartier de Talpiot était en train d'être ravagée par ses prédateurs. Sur leurs énormes engins, les ouvriers accomplissaient un travail méthodique de démolition, traçant des routes dont les contours avaient été déterminés pratiquement au centimètre près. À seulement cinquante mètres du lieu de rendez-vous, ils installaient les premières poutrelles d'acier qui formeraient bientôt l'armature d'une nouvelle banlieue.

La deuxième chose que Shimon remarqua, chaque fois que les nuages de poussières lui en laissaient le loisir, fut le trou à flanc de colline où le tombeau avait été découvert. À distance, même si la zone n'avait pas été sécurisée par des cordes pour empêcher le passage des camions et des bulldozers, et même s'il n'y avait pas d'attroupement, l'entrée du tombeau frappait le regard.

La troisième chose que nota Shimon fut le symbole sculpté au-dessus de la porte : un cercle à l'intérieur d'un large chevron. Il se souviendrait plus tard, en rédigeant son rapport de terrain, que ce chevron, semblable à une pyramide, était prolongé par une sorte de petite cheminée.

Deux théories opposées lui vinrent aussitôt à l'esprit. Selon la première, ce symbole pouvait n'être qu'un ornement inachevé. Le cercle, ou la lettre O, aurait alors été une couronne à laquelle il manquait des feuilles et des fruits sculptés. Dans ce cas, personne ne saurait jamais s'il s'agissait ou non d'une couronne, parce que les bâtisseurs du tombeau n'avaient laissé derrière eux qu'une ébauche faisant saillie sur le mur, comme une pièce de monnaie attendant d'être frappée. La seconde théorie de Shimon Gibson était qu'il s'agissait de la version définitive de ce symbole, telle que l'avaient voulue les bâtisseurs.

L'intime conviction du géomètre topographe était que ce symbole, aussi mystérieux qu'il parût, était complet et représentait exactement ce qu'avaient souhaité les bâtisseurs du tombeau. Dans ce cas, personne ne pourrait jamais affirmer si ce cercle représentait ou non une couronne, laquelle, dans l'ancienne tradition juive et romaine, symbolisait une lignée de sang royal, comme la couronne de lauriers des empereurs romains depuis l'époque de Jules César. Les Évangiles y font allusion dans la scène de la couronne d'épines posée par les soldats romains sur la tête de Jésus, en signe de dérision.

La comparaison avec d'autres tombeaux du Ier siècle suggérait en effet que le cercle – ou la couronne – n'était pas simplement inachevé. La destruction de Jérusalem en 70 avait interrompu la construction de tous les tombeaux, laissés en l'état à divers stades d'avancement des travaux. Ce symbole était différent. Plus tard, Shimon noterait qu'une telle façade ornementée sur un tombeau dépourvu d'autres décorations était tout à fait inhabituelle.

Quand il atteignit la cour, une grande excitation régnait autour du contenu des deux sacs noirs de Rivka Maoz. Yoseph Gat lui faisait de grands signes avec une expression de triomphe comme pour signifier qu'ils avaient découvert quelque chose d'intéressant.

– Vous êtes certaine que ces os ont été découverts ici, dans l'antichambre ? demanda Gat à Rivka, en pointant du doigt un crâne et des os.

– Oui, répondit Rivka, les enfants les ont trouvés là, sous ce cercle sculpté.

Cela semblait expliquer la présence de minuscules fragments d'os mélangés aux gravats dans l'antichambre. Mais cette explication n'était pas suffisante aux yeux de Yoseph Gat et de Shimon Gibson. Jusqu'ici, on n'avait pas retrouvé de corps *à l'extérieur* d'une antichambre. Cela ne collait pas... à moins que Rivka Maoz ne se trompe et que les enfants aient trouvé les os dans un autre tombeau, puis les aient jetés ici.

Tout le monde était euphorique et Yoseph Gat lui-même semblait pour une fois sortir de sa réserve. Shimon était un enthousiaste invétéré, à l'opposé de

Gat. Il était fasciné par la nature impassible de son professeur, véritable Mr Spock de l'archéologie, doté des mêmes oreilles pointues. La seule différence, c'est que Gat portait toujours de grosses lunettes à monture d'écaille. Un jour, Shimon lui avait posé cette question :

— Qu'éprouveriez-vous si un jour nous trouvions, je ne sais pas, quelque chose d'extraordinaire, comme l'Arche d'Alliance ou le Saint-Graal ?

Et Gat de répondre :

— Eh bien, il s'agit d'archéologie. C'est parfois intéressant, mais c'est un boulot comme un autre, de 9 heures à 17 heures.

Pour Shimon Gibson, l'archéologie n'était pas un « boulot comme un autre ».

Avant de redescendre le tunnel en rampant sur le dos, Shimon avait examiné les tas de gravats sur le sol de l'antichambre. En balayant, Braun et Gat avaient rencontré des traces du sol originel, tel qu'il était avant l'arrivée du bulldozer. Ici, la *terra rossa* ne s'était accumulée que sur cinq centimètres environ, avant de s'écouler dans le tombeau. Il y avait des traces d'ossements humains, mais pas un seul fragment des coupes et des vases que les familles laissaient habituellement dans les antichambres. Ceux qui avaient empilé les restes humains à l'extérieur du tombeau semblaient avoir emporté les récipients. Mais pour quelle raison ? En guise de souvenir ? Ou parce qu'on avait eu besoin de ces accessoires pour un usage important ?

Yoseph Gat se demanda alors pour la première fois si les ossements de l'antichambre avaient vraiment appartenu à des natifs de Jérusalem du Ier siècle. Le judaïsme est une religion aux traditions très anciennes.

Les coupes et les vases utilisés pour un hommage au défunt ne pouvaient servir à un autre usage par la suite, car ils avaient côtoyé de près les restes d'ancêtres.

Gat indiqua à Shimon l'emplacement précis des trois crânes qu'il avait découverts dans les tranchées afin qu'il les reporte sur son plan. La séquence archéologique était ininterrompue, ce qui signifiait qu'il était impossible que les os aient été transportés récemment depuis un autre tombeau.

Après que la première couche de terre se fut sédimentée dans le tombeau, de nombreux mois ou même des années s'étaient écoulés jusqu'à la formation de la couche suivante. Dans l'intervalle, la boue avait eu le temps de sécher et de se compacter, et un mince dépôt de silt s'était formé à la surface du sol, dépôt constitué principalement de fragments de craie recouvert d'une mince couche de cristaux d'apatite microscopiques. Chaque nouvelle coulée de boue avait recouvert la couche précédente, qui était d'une texture différente. De la sorte, les couches successives étaient aisément discernables, même à l'œil nu. Elles étaient aussi discrètes que celles d'un millefeuille. En outre, comme pour un millefeuille entamé, si quelqu'un avait creusé à travers les couches de *terra rossa* au cours des trois derniers jours pour y ensevelir quelque chose, les trous, une fois comblés, se seraient distingués de la séquence comme un signal d'alarme archéologique. En coupe transversale, les trois crânes auraient alors été découverts au fond de trois puits, remplis d'une terre qui, à l'inverse de la « structure en millefeuille » séculaire, n'aurait présenté aucune superposition de couches. Or aucune anomalie de ce type n'apparaissait ni autour ni au-dessous des crânes.

Jusqu'ici, les tranchées de Gat n'avaient révélé aucun os pelvien, aucun fémur ou autre reste de grande dimension à côté des crânes, et, au cours des trois jours suivants, l'excavation et le tamisage du sol ne permirent de découvrir que des os de doigts désarticulés et autres petits fragments. Gibson avait à présent acquis la conviction qu'une cérémonie avait eu lieu ici, impliquant la disposition intentionnelle des trois crânes dans la salle centrale du tombeau. Ils formaient un triangle isocèle presque parfait, dont la base était orientée vers le mont du Temple. Or les juifs du Ier siècle ne procédaient pas ainsi. S'il s'agissait réellement d'une disposition rituelle de restes humains, de quelle sorte de cérémonie s'agissait-il ?

Shimon examina deux ossuaires encore placés dans leur niche puis observa la salle. Pour la première fois depuis près de deux mille ans, IAA 80/500-509 recevait la visite d'êtres humains. Il s'interrogeait encore sur l'énigme du triangle de crânes quand Gat lui rappela qu'il n'y avait pas de temps à perdre et qu'ils devaient commencer à photographier, à dessiner les ossuaires et à procéder au relevé des plans.

Mystérieusement, après avoir été répertorié, l'un des dix ossuaires disparut avant d'avoir pu être photographié et étudié de près.

Tandis que les coffres de calcaire étaient soigneusement entourés de bandes de tissu pour éviter d'être endommagés, puis remontés l'un après l'autre jusque dans la cour, Amos Kloner parvint à une première conclusion. Selon lui, quelle que fût la signification du triangle de crânes ou du symbole sur la façade du tombeau, les objets dans les niches étaient « typiquement des ossuaires juifs du Ier siècle ». Cependant, comme le révéla un léger brossage, six ossuaires sur les dix comportaient des inscriptions précisant le nom de leurs propriétaires. C'était là un pourcentage exceptionnellement élevé, comparé à la moyenne des autres sépultures, dont les occupants étaient pour la plupart anonymes.

Quelle que soit son origine, la coutume des ossuaires en calcaire a fourni aux archéologues un système de datation aussi précis qu'une pièce de monnaie portant le nom d'un empereur. La loi juive stipule qu'une personne décédée doit être inhumée dans la terre. À Jérusalem, toutefois, où le sol est dans la plupart des cas constitué de roche sous une mince couche de terre, une dispense spéciale fut accordée vers l'an 4 av. J.-C. : une sépulture provisoire dans une grotte ou dans une niche creusée dans le roc était désormais considérée comme une inhumation en terre. Au temps de Jésus et des apôtres, vers l'année 30 de notre ère, le cadavre, selon une tradition nouvelle, était enveloppé d'un vêtement de lin et placé dans un *arcosolium*, ou couche mortuaire de pierre, à l'intérieur d'une grotte creusée dans le roc. Après décomposition du cadavre, les os étaient placés dans un coffret en pierre calcaire, l'ossuaire, lequel était à son tour enfermé dans un *kokh*, une cavité creusée perpendiculairement à la paroi de la salle, à peine plus grande que l'ossuaire lui-même. La destruction de Jérusalem en 70 a mis un terme brutal à la coutume de l'ossuaire avant qu'elle ne puisse se répandre, de sorte que tout tombeau à ossuaires représente un système de datation aussi précis que celui du carbone 14. Selon

toute vraisemblance, les gens qui avaient construit le
« Tombeau aux dix ossuaires », puis rendu hommage à
leurs défunts dans l'antichambre et la cour avaient donc
vécu à l'époque de Jésus ou peu après.

Pendant que les archéologues fouillaient la terre rouge
au fond du tombeau, au-dessus d'eux, dans la cour, des
étudiants volontaires enlevaient à l'aide de brosses la
boue qui enveloppait les ossuaires en train de sécher,
révélant peu à peu les inscriptions qu'ils portaient.
L'ossuaire 80/505 portait l'inscription « *Maria* », la version latine du nom biblique Myriam (Marie), écrite en
caractères hébraïques. C'était un cas extrêmement inhabituel[1]. L'ossuaire adjacent, 80/503, révéla le nom
« *Yoseph* » (« Joseph »). Étant donné qu'il s'agissait d'un
tombeau de famille typique, cette Marie et ce Joseph
étaient certainement mariés.

L'ossuaire 80/502 portait, en caractères araméens
inhabituellement gros, l'inscription « *Matia* » (« Matthieu »). À ce stade, la coïncidence était pour le moins
troublante. Certaines traditions chrétiennes présentent
Matthieu comme un proche parent de Jésus, qu'il
accompagnait dans ses pérégrinations.

L'ossuaire 80/506 avait été fortement endommagé
durant son long séjour dans la terre et, mis à part une
grande marque en forme de croix sur un côté, aucune
inscription n'était lisible.

L'ossuaire 80/504, quant à lui, portait, gravé sur un
côté, l'inscription « *Yosa* » ou « *Yos'e* », que Kloner et

---

1. À ce jour, sur les milliers d'ossuaires découverts, seuls huit autres
portaient le nom latin de « Maria » en lettres hébraïques.

Gat reconnurent aussitôt comme un diminutif de « Joseph ». Joseph était le deuxième prénom le plus courant à l'époque du Second Temple, à en juger par un recensement des ossuaires d'autres tombeaux. Qu'une même famille comptât deux Joseph en son sein n'avait a priori rien d'exceptionnel.

À un moment donné – personne ne pourrait dire quand exactement –, les explorateurs décidèrent d'examiner de plus près 80/503, l'autre ossuaire portant l'inscription « Joseph ». Ils découvrirent de minces éraflures, à peine visibles, sous ce nom. Elles étaient masquées par la patine, terme qui désigne des dépôts minéraux successifs sur un objet ancien. Quand l'ossuaire fut placé sous la lumière des lampes, on put lire l'inscription complète en araméen : « *Yeshua bar Yoseph* » – « Jésus, fils de Joseph ». Puis ils remarquèrent une marque en forme de croix, plus grande que le nom lui-même.

Cette fois, même si personne ne devait en faire état plus tard, quelqu'un a bien dû lâcher un juron !

– Nous aurons l'air d'idiots si nous allons dans cette direction, conclut Amos Kloner. Ces noms sont tout à fait communs et ce « X » est une marque de maçon, et non une croix. C'est juste une coïncidence.

Les quatre hommes étaient d'accord sur ce point, du moins officiellement.

– Tout de même, ajouta Kloner, je serais plus tranquille si nous trouvions un ou deux ossuaires parmi les dix qui n'aient aucun lien avec Jésus de Nazareth.

Gat et Kloner avaient extrait l'ossuaire 80/501 de sa niche, puis l'avaient poussé à travers l'ouverture jusqu'au grand soleil de l'après-midi. Le numéro 80/501 était délicatement poli, décoré de rosettes sculptées et encadrées. Son inscription en hébreu avait été gravée avec plus de soin que les autres, comme si un calligraphe talentueux avait exercé son art sur la pierre.

Après avoir lu l'inscription, Kloner ne put s'empêcher de résumer sa pensée par ces mots :

– Tout cela est absurde.

Il aurait préféré trouver un autre nom, par exemple « Daniel » ou « Jonathan », qui aurait tranché avec la série stupéfiante qu'il venait de lire. Mais il lut, médusé, l'inscription suivante : « *Yehuda bar Yeshua* » – « Judas, fils de Jésus ».

L'ossuaire suivant, le numéro 80/500, portait le nom « *Mara* », sans doute une autre Marie. Il était plus grand que les autres – près de soixante-dix centimètres de long – et orné de rosettes magnifiques. Les scientifiques durent enlever à la brosse la terre séchée pour révéler l'inscription complète. Les caractères étaient grecs.

C'était fascinant. Dans le même tombeau, on avait trouvé une Marie dont le nom était écrit en latin et une autre dont le nom était écrit en grec. Amos Kloner ne put s'empêcher de s'interroger : *Et si cette Marie numéro IAA 80/500 était Marie Madeleine ? Faudrait-il alors en conclure qu'elle était la femme de « Jésus, fils de Joseph » ? Et si c'était le cas, Judas serait leur fils ?* Personne n'était cependant prêt à risquer sa carrière avec des conclusions hâtives.

Comme le confia plus tard Kloner, « Suggérer qu'il s'agissait du Jésus historique, qu'il avait un fils, que ces deux Marie étaient, l'une sa mère, l'autre sa femme, relevait de la spéculation. Ses conséquences étaient incalculables. C'était une ligne que nous nous gardions bien de franchir. »

Quant à Shimon Gibson, les ornements inhabituels du mur de l'antichambre et l'emplacement des crânes dans la salle suffisaient à captiver son intérêt.

« Il fallait, je pense, laisser passer un peu de temps avant de tirer des conclusions, dira Shimon vingt-cinq ans plus tard. La seule chose dont je suis sûr, c'est que certains éléments de ce tombeau étaient et demeurent étranges. Aujourd'hui, tant d'années ont passé, j'ai grandi et j'ai quelques cheveux gris. Je vois les choses différemment. Je ne suis toujours pas convaincu que ce tombeau soit celui de la famille de Jésus, mais je n'écarte pas non plus cette hypothèse. Quoi qu'il en soit, il me faudrait des éléments un peu plus probants que ces simples noms courants. »

Chose invraisemblable, il fallut attendre un quart de siècle pour que l'on examine plus attentivement l'ossuaire numéro 80/500. En décembre 2005, Tal Ilan, épigraphiste, révéla que la suite de l'inscription de la seconde Marie avait deux sens possibles, soit « Maître », soit « Seigneur ». L'inscription « *Mara* » était précédée par un symbole grec signifiant « autrement appelé » ou « alias ». Qui était donc cette femme qu'on révérait ainsi ?

En 1980, sur le site du tombeau de Talpiot, la seule question importante était de déterminer si le reste de l'inscription révélerait le nom « *Magdala* » (Madeleine). Amos Kloner, Eliot Braun et Shimon Gibson refusaient de croire à cette hypothèse. Le fait que la lettre suivant le M et le A était un R, et non le G de « *Magdala* », conforta leur scepticisme. Les trois lettres suivantes formaient un « IAM ». La seconde Marie du tombeau n'était pas Marie Madeleine, mais une femme nommée

Mariamne, une variante grecque du nom hébreu Myriam. Ajoutée à l'inscription « Judas, fils de Jésus », cette découverte malmenait la théorie du tombeau de la famille de Jésus. Kloner en éprouva intérieurement un grand soulagement.

Le moins qu'on puisse dire, c'est que Kloner n'aimait ni les caméras de télévision ni la médiatisation outrancière de la science qu'affectionnent tant Carl Sagan et Steven Spielberg. Une interview du magazine *National Geographic* le faisait bégayer, et même les congrès scientifiques lui donnaient le trac. Comme la plupart de ses collègues, il préférait se consacrer à l'étude et détestait se mettre en avant.

Les ossuaires furent rangés dans des cartons et classés dans un dépôt. Les archéologues pouvaient les oublier pour le restant de leurs jours. Le déchiffrage progressif des noms avait plongé Kloner dans un embarras momentané, comme s'il s'était agi d'un affront personnel. Il reconnaissait en privé avoir été troublé par ces inscriptions, mais il affectait en public une indifférence totale, sinon une dénégation hautaine.

Pour Shimon Gibson, le sentiment de soulagement était accompagné d'un regret tout aussi fort. « Si cet ossuaire avait porté l'inscription Marie Madeleine, dira-t-il plus tard, alors bien sûr, j'aurais été dans tous mes états, même si à l'époque je ne m'intéressais pas particulièrement au christianisme primitif. Je me serais certainement interrogé et j'aurais examiné tout cela de très près. Mais avec les inscriptions telles qu'elles se présentaient, tout ce que je pouvais en déduire est qu'il s'agissait de noms juifs très communs du Ier siècle, point final. »

Selon Kloner et Gat, « Mariamne » et « Judas, fils de Jésus » représentaient l'antithèse qui permettait de réfuter tout lien entre le « Jésus, fils de Joseph » de l'ossuaire 80/503 et le Jésus historique. C'était un autre Jésus. C'était une autre Marie.

« Ces noms ne sont pas du tout improbables d'un point de vue statistique, conclut Kloner. Un quart des femmes de Jérusalem s'appelaient Marie. Il n'y a aucun mystère. »

Shimon n'était pas loin de partager l'opinion de Gat et de Kloner. Pourtant, il aurait aimé sortir de ce tombeau et révéler au monde que c'était celui de la famille de Jésus. Cela aurait été l'aventure la plus enthousiasmante de sa jeune carrière, et peut-être de toute sa vie. Mais la règle numéro un du milieu universitaire a toujours été la prudence.

Au soir du Vendredi saint, tout était fini. À travers le tunnel de l'antichambre, les archéologues avaient systématiquement enlevé chaque ossuaire, chaque fragment d'os et chaque mètre cube de *terra rossa*.

Quatre jours plus tôt, le mardi 1er avril, des rumeurs à propos d'un tombeau à ossuaires et d'une série inhabituelle de noms bibliques – notamment ceux de Jésus et de Marie – avaient commencé à circuler. Heureusement, c'était le 1er avril et les chrétiens de Jérusalem crurent à un canular ! Plus au sud, sur la colline centrale de Talpiot, les autorités religieuses juives ne trouvaient pas la plaisanterie à leur goût. À leurs yeux, les archéologues qui fouillaient des tombeaux juifs n'étaient rien d'autre que des pilleurs de tombes qui ne manifestaient aucun respect pour le repos de leurs ancêtres.

Comme il en fit le récit des années plus tard, Amos Kloner a été témoin de la véhémence des milieux orthodoxes à l'encontre du travail des archéologues alors qu'il découvrait, plus haut sur la colline, un deuxième tombeau, également mis au jour lors de travaux de construction.

Kloner était descendu dans ce tombeau par une petite ouverture et avait pénétré dans une vaste salle centrale, remplie de niches d'ossuaires. Cette salle différait de celle du Tombeau aux dix ossuaires en ce que ses pierres de scellement étaient toutes intactes et qu'elle n'avait jamais été envahie par des coulées de *terra rossa*. Derrière les pierres de scellement, il avait trouvé d'autres ossuaires – au moins sept. L'un d'eux était orné de rosettes finement sculptées, et deux autres portaient des inscriptions en caractères grecs. Mais il n'avait pas eu le temps de copier les inscriptions, ni même de prendre des photos.

« Je ne pouvais rien faire de plus, se souviendra-t-il. Je ne me rappelle plus exactement pour quelle raison, mais j'ai estimé qu'il fallait emporter l'un des petits ossuaires, celui qui était tout près de l'entrée. »

Kloner regrettera amèrement que ce petit ossuaire, contenant les os d'un enfant, ait été le seul sauvegardé. En effet, des juifs orthodoxes étaient arrivés entre-temps et avaient commencé à le maudire et à lui cracher dessus. Les explications que Kloner avançait pour se justifier n'avaient fait qu'exacerber leur colère, et ils s'étaient mis à lui lancer des pierres et à le menacer de mort.

Plus de vingt ans plus tard, une autre version circulait dans le quartier de Talpiot. Les autorités religieuses, ayant appris qu'un autre tombeau avait été éventré par des bulldozers et que des archéologues se rassemblaient sur le site, avaient découvert Amos Kloner en train de disposer sur le sol du tombeau les os d'un enfant, manifestement pour pouvoir emporter plus facilement l'ossuaire. C'est cela, arguaient les dignitaires, qui avait provoqué leur colère. Paradoxalement, il est possible que cet incident du second tombeau, en détournant l'attention des autorités religieuses, ait permis aux archéologues de poursuivre leur tâche dans le Tombeau aux dix ossuaires.

C'est ainsi que le dimanche 6 avril 1980, IAA 80/500-509, le Tombeau aux dix ossuaires, ou tombeau de Talpiot, se retrouva complètement vide. Peu après, il fut scellé dans un cocon protecteur d'acier, lui-même revêtu d'une chape de béton.

Des années plus tard, Shimon Gibson dira en plaisantant que les esprits avaient dû en vouloir aux archéologues, ou tout au moins à leurs appareils photo. En effet, à part la seule photo prise par Kloner du symbole au-dessus de la porte de l'antichambre, toutes leurs épreuves étaient surexposées, au point d'être impubliables.

Les seuls clichés nets de l'intérieur du tombeau furent pris par Rivka Maoz, entre le Vendredi saint et le scellement final d'IAA 80/500-509 par Efraym Shochat. L'album de famille de Rivka montre que tous les ossuaires et toute la *terra rossa* ont été enlevés. La différence de teinte sur une hauteur d'un mètre indique le niveau qu'avait atteint la *terra rossa* le jour où Shimon était entré pour la première fois dans la salle centrale.

Quand Rivka Maoz pénétra dans cette salle, l'ossuaire numéro IAA 80/509 avait disparu et les neuf autres étaient d'ores et déjà rangés dans l'un des dépôts que le Département des antiquités possédait en banlieue. Les trois crânes de la salle principale, les os de l'antichambre et tous ceux présents dans les ossuaires avaient été retirés et mis de côté pour qu'on puisse les étudier, avant leur éventuelle « réinhumation respectueuse » dans l'une des fosses communes réservées à cet effet.

Un an plus tard, un vaste projet immobilier comprenant des centres commerciaux engloutit le Tombeau aux dix ossuaires. La même année, Yoseph Gat mourut brusquement. Entre-temps, Amos Kloner, Eliot Braun et Shimon Gibson s'étaient lancés dans d'autres recherches, persuadés qu'après leur départ l'entreprise de bâtiment de Shochat avait noyé le tombeau sous des tonnes de gravier, puis nivelé le terrain pour construire un immeuble.

Seize ans plus tard, en 1996, des documentaristes de la BBC découvrirent plusieurs des ossuaires du site IAA 80/500-509 sur les étagères d'une salle du dépôt du Département des antiquités, où un étudiant ou un employé les avait conduits. L'équipe anglaise tournait un documentaire sur les coutumes funéraires juives à l'époque de Jésus.

La fièvre qui gagna les membres de la BBC devant les inscriptions des ossuaires du tombeau de Talpiot retomba aussi vite que l'enthousiasme des archéologues seize ans plus tôt. Amos Kloner et plusieurs autres spécialistes se portèrent volontaires pour s'exprimer devant les caméras et calmer les esprits.

— Comment se fait-il que personne n'ait entendu parler de cette histoire ? demanda le journaliste de la BBC.

— Parce que, justement, il n'y avait vraiment rien à en dire, expliqua Kloner. Ces noms étaient très communs au Ier siècle.

Un ou deux jours plus tard, tant d'années après la découverte du tombeau, Amos Kloner rassembla finalement ses notes et celles de Yoseph Gat, et rédigea un rapport comprenant les plans de Shimon Gibson, qu'il publia dans la revue *Atiqot*[1]. Shimon se demande encore par quel miracle deux des trois crânes que Gat avait estimés suffisamment importants pour être relevés au centimètre carré près avaient disparu de ses croquis.

— D'ailleurs cette femme, Mariamne, ne fait pas partie de la famille de Jésus, ajouta Kloner. Tout cela est absurde, vraiment absurde, dit-il en guise de conclusion.

Pour l'équipe de la BBC, il était impossible de mettre en doute les conclusions d'un savant aussi renommé. Ainsi, après le reportage intitulé *The Body in Question*, qui consacrait seulement cinq minutes aux ossuaires du site IAA 80/500-509 sur deux heures d'émission, tout le monde oublia le Tombeau aux dix ossuaires.

Pas tout le monde, à vrai dire.

---

1. Vol. 29, 1996.

**

Ne trouvez-vous pas fascinant que la tradition juive des grottes funéraires, interrompue en 70 par la destruction de Jérusalem, soit devenue, pour les archéologues du futur, un système de datation plus précis que le carbone 14 ?

De même, n'est-il pas incroyable qu'à un moment donné au début de notre ère, quatre mille ans d'histoire humaine aient déjà pu reposer sous les pieds des hommes qui entretenaient les vignobles et creusaient des tombeaux dans les collines de Jérusalem ? Toutes ces civilisations oubliées se sont superposées sur les tertres artificiels qui parsèment le paysage de Jérusalem, chacun d'eux dissimulant des strates successives de destructions et de renaissances.

À un moment donné, entre la mort de Jacques le Juste (vers 63-66) et la destruction de Jérusalem en 70, un tombeau fut scellé, pas très loin du mont du Temple. Les niches profondément enfouies abritaient des ossuaires, certains contenant des ossements dans un linceul, attendant la résurrection prophétisée.

**

– Chapitre 2 –

L'ENQUÊTE COMMENCE
Simcha Jacobovici

J'ai rencontré Hershel Shanks pour la première fois le 11 septembre 2002. Ce fut une expérience semblable à celle d'Alice dans *De l'autre côté du miroir*. Il y avait à peine quelques heures que nous avions fait connaissance quand il me dit : « Imaginez-vous que nous avons trouvé en Israël un ossuaire portant cette inscription : "Jacques, fils de Joseph, frère de Jésus". »

Cette rencontre fut le « big bang » de ma carrière. Ce fut l'un de ces moments cruciaux qui portent en eux les graines de tout ce qui adviendra par la suite. Tout d'abord, il y eut une étrange coïncidence, ou une intervention divine, selon la perspective dans laquelle on se place. J'ai rencontré Hershel, le célèbre directeur de la *Biblical Archaeology Review* (*BAR*) à la suite d'une lubie. J'éprouvais une grande admiration pour lui et, pour des raisons que je ne comprends toujours pas, je me suis senti poussé à l'appeler à Washington, dans l'espoir d'obtenir un rendez-vous. Par le plus grand des hasards, il partait pour Toronto, où j'habite. Comme j'avais obtenu de l'interviewer pour le plus grand quotidien canadien, il est venu prendre son petit déjeuner dans mon bureau du centre-ville.

Hershel est un homme dégingandé qui s'exprime avec un accent traînant, un genre de James Stewart juif. Ancien procureur général, il a toujours eu une passion pour l'archéologie biblique. C'est également quelqu'un qui juge vite et bien. Il jeta un rapide coup d'œil circulaire dans le bureau, vit les diverses récompenses, notamment deux Emmy Awards dans la catégorie « journalisme d'investigation », m'évalua d'un regard et décida qu'il pouvait me raconter son histoire. C'est alors qu'il prononça la fameuse phrase : « Imaginez-vous que nous avons trouvé en Israël un ossuaire portant cette inscription : "Jacques, fils de Joseph, frère de Jésus". »

C'était une énigme pour moi. Un propos qui n'avait de sens que pour un groupe relativement restreint d'initiés et dont, à l'époque, je ne faisais pas partie. Comme la plupart des gens, je ne savais pas ce qu'était un ossuaire et j'ignorais que Jésus avait des frères, comme l'indiquent pourtant les Évangiles. L'ignorance concernant les ossuaires et la famille de Jésus est précisément le facteur qui a laissé dans l'ombre pendant près de trente ans l'histoire de la découverte du tombeau de Talpiot. Ainsi, quand Hershel prononça cette phrase, je ne pus que répondre : « Mais qu'est-ce qu'un ossuaire ? »

Comme je devais l'apprendre plus tard, les savants savent que ce rituel s'est interrompu quand les troupes romaines ont détruit Jérusalem en 70, écrasant ainsi la grande révolte juive de 67 et mettant un terme à l'indépendance du peuple juif pendant près de deux mille ans.

Ce n'est qu'en 1948 qu'un État juif indépendant renaîtra sur la terre d'Israël.

Le récit de la mort de Jésus et de sa résurrection semble intimement lié à la pratique de l'« enterrement secondaire », c'est-à-dire à l'utilisation d'ossuaires, mais personne ne semble l'avoir remarqué. En fait, quand on visite le musée d'Israël, on apprend que la coutume des ossuaires est une forme « typique » d'inhumation juive du Ier siècle. On y trouve même une petite citation tirée d'un ancien document rabbinique évoquant l'enterrement secondaire. Mais qualifier ce rituel de typique, c'est supposer la question résolue. En quoi une coutume pratiquée par un petit groupe de gens au cours d'une brève période et seulement à Jérusalem est-elle typique ? Le Talmud ne signale aucun cas d'inhumation de cette sorte. En fait, la seule mort jamais associée à la pratique jérusalémite de l'enterrement secondaire est la mort de rabbi Jésus.

En réponse à ma question « Mais qu'est-ce qu'un ossuaire ? », Hershel m'expliqua que les juifs, dans l'ancienne Jérusalem, avaient coutume de revêtir les morts d'un linceul, de les allonger sur les *arcosolia* d'un tombeau, puis d'y retourner un an plus tard pour réinhumer les os dans des ossuaires de pierre calcaire. C'est à ce moment-là que, par une inspiration soudaine, je compris enfin l'histoire de l'enterrement de Jésus.

Cet étrange récit m'avait toujours laissé perplexe. Si Jésus était mort trois jours avant sa résurrection, comme le stipule le dogme chrétien, pourquoi une tombe n'avait-elle pas été creusée pour l'inhumation du corps ? Pourquoi avoir placé le corps dans le tombeau de famille de l'un de ses disciples, un homme d'influence appelé Joseph d'Arimathie ?

Selon la loi juive, et Jésus était un Juif, le corps d'un supplicié doit être enseveli *dans la terre avant le coucher du soleil*, le jour même de sa mort. Je me suis toujours demandé à quelles sortes de pratiques funéraires faisaient allusion les quatre Évangiles. Aujourd'hui, j'ai la réponse : les ossuaires. Manifestement, certains Juifs de Galilée et de Jérusalem pratiquaient l'enterrement secondaire à l'époque de Jésus. Et manifestement, les disciples de Jésus appartenaient à ce groupe.

Par la suite, je me suis procuré tous les textes publiés traitant des tombeaux et des ossuaires en Israël. Les raisons de mon enthousiasme étaient liées aux informations historiques que recelait cette coutume. Étant donné le créneau historique très bref – à peu près un siècle – durant lequel les ossuaires étaient en usage dans la région de Jérusalem, ils sont en eux-mêmes un système de datation. On n'a pas besoin d'un test compliqué au carbone 14 pour déterminer qu'ils remontent au Ier siècle et, plus précisément, qu'ils sont contemporains de Jésus.

En outre, d'une manière générale, la pratique des ossuaires ne s'était pas répandue dans les masses. Le prix de l'immobilier était très élevé à Jérusalem, tout comme aujourd'hui d'ailleurs. Seules les élites – religieuses, politiques et économiques – avaient les moyens de s'offrir des tombeaux ou des cryptes pour y déposer leurs ossuaires. Les pauvres étaient ensevelis loin des remparts de la ville, soit dans des cavités creusées dans la pierre calcaire, soit dans la terre meuble. Seuls ceux qui avaient les moyens de faire construire un tombeau et avaient une raison religieuse de choisir cette forme particulière d'enterrement étaient inhumés dans des ossuaires. Il est probable qu'ils croyaient à la résurrection physique[1]. C'était, si l'on peut dire, le système de « cryopréservation » de l'époque. Les fidèles étaient inhumés dans des ossuaires orientés vers le Temple – la Maison de Dieu qui couronne le mont Sion, le centre sacré du judaïsme, l'une des merveilles du monde. En d'autres termes, les personnes inhumées ainsi étaient aux premières loges pour attendre l'Apocalypse, car de nombreux juifs croyaient au Messie promis pour la rédemption du monde, celui qui viendrait annoncer la « fin des temps » sur le mont du Temple. Jésus lui-même annonça que le Temple serait détruit et qu'il le reconstruirait en trois jours. Manifestement, il n'y a rien de « typique » dans la pratique de l'enterrement secondaire chez les juifs. Mais dire que l'usage d'ossuaires est peut-être associé avec le christianisme primitif, c'est admettre que la plupart des restes humains trouvés à Jérusalem de nos jours ont pu appartenir à des disciples de Jésus. Dans un État juif, cette idée a peu de chances d'être acceptée.

---

1. Il est possible que des Sadducéens – groupe juif qui occupait une place prépondérante au sein du clergé séculier et de la classe politique de l'époque – et/ou quelques juifs hellénisés qui ne croyaient pas à la résurrection aient également pratiqué la coutume des ossuaires. Ils se sont probablement inspirés du rituel romain consistant à placer les cendres des défunts dans des urnes. Étant donné que la loi juive interdit la crémation, la déposition des ossements dans des ossuaires était la solution la plus proche.

La plupart des ossuaires sont ornés d'éléments sculptés. Nombre d'entre eux arborent des symboles religieux. Certains sont reconnaissables ; d'autres n'ont pu, à ce jour, être déchiffrés. Vingt pour cent des ossuaires portent des inscriptions, généralement le nom du défunt. Parfois, des éléments biographiques sont inscrits, par exemple « mère » ou « père ». Ces inscriptions devaient se révéler d'une valeur inestimable pour le travail de détective mené autour du tombeau de la famille de Jésus.

Dès que j'en eus appris davantage sur les ossuaires, je me suis demandé pourquoi les spécialistes du Nouveau Testament en faisaient rarement mention. Par ailleurs, j'ai longtemps étudié l'histoire juive. Pourquoi les études concernant cette période n'évoquent-elles pas les ossuaires ? Pourquoi n'y a-t-il pas de cours sur ce sujet dans les programmes d'enseignement religieux, qu'ils soient juifs ou chrétiens ? Après tout, grâce à ces ossuaires, nous disposons d'un véritable « annuaire » de l'élite politique, économique et religieuse de Jérusalem au temps de Jésus.

À cette époque, il n'y avait pas beaucoup d'habitants sur la planète. La population de l'ancien Israël était moins nombreuse que celle de l'actuel Brooklyn. Et il y avait moins de gens à Jérusalem que dans un grand stade de football. Par ailleurs, seule une infime minorité avait les moyens d'être inhumée dans un tombeau à ossuaires. J'ai compris soudain que le fait de relier l'inscription d'un ossuaire au Jésus historique n'était pas absurde ; on devait pouvoir identifier des personnages importants de cette époque et les associer à leurs ossuaires. Autrement dit, il n'est pas plus surprenant de retrouver dans la Vallée des Rois les momies des pharaons (après tout, seules les élites de l'Égypte antique avaient les moyens de se faire momifier) que de découvrir les ossements des disciples de Jésus – comme ceux de son « frère Jacques » – inhumés à Jérusalem. Seule une classe privilégiée pouvait s'offrir un enterrement secondaire et, sur un plan historique, la famille de Jésus, très célèbre à Jérusalem, ne pouvait qu'en faire partie.

Quand Hershel me parla de l'ossuaire de Jacques, je n'ai pas pensé à toutes les implications possibles de cette découverte. Je retenais simplement que l'usage des ossuaires dans l'ancien Israël était circonscrit à la seule époque de Jésus, et qu'il contribuait à expliquer l'épisode du tombeau de Joseph d'Arimathie. Je fus également surpris d'apprendre que les Évangiles indiquaient explicitement que Jésus avait des frères : Jacob (Jacques), Simon, Joseph et Judas.

L'ossuaire « *Yakov bar Yoseph, achiv de Yeshua* » (« Jacques fils de Joseph, frère de Jésus ») représentait sans doute la plus grande découverte archéologique de tous les temps. Après tout, on avait là – gravée dans la pierre – la preuve archéologique de l'existence de Jésus de Nazareth. J'ai demandé, pour cet ossuaire, l'exclusivité des droits pour la télévision et l'ai obtenue.

Et si c'était un faux ?

Il est inutile de fabriquer un faux ossuaire, car n'importe qui peut en acheter un au marché aux antiquités de Jérusalem pour la somme modique de 500 dollars, s'il ne porte ni inscriptions ni ornementation. En fait, les ossuaires connaissent un certain succès aujourd'hui, mais pas dans un but funéraire. Les gens les utilisent comme jardinières, surtout les étrangers vivant en Israël. La femme d'un ambassadeur a acheté à prix d'or de petits ossuaires pour bébés car, du fait de leurs modestes petites dimensions, elle pouvait les placer sur une table basse. Pour 2 000 dollars, on peut acquérir un magnifique ossuaire ornementé et gravé. Quand on examine de près les ossuaires en vente dans divers magasins d'antiquités de Jérusalem, on s'aperçoit qu'il reste souvent ce que les médecins légistes appellent des « résidus humains » au fond et sur les parois internes. Ce fait devait également constituer un élément majeur dans l'enquête sur le tombeau de Jésus.

Il est également intéressant d'évoquer comment les magasins d'antiquités se fournissent en ossuaires. En Israël, les autorités religieuses et les archéologues ont conclu un accord qui interdit les fouilles de tombes anciennes, pour ne pas perturber les morts. Bien sûr, cet accord ne satisfait en rien les archéologues israéliens, mais la perspective de se retrouver bombardés de pierres lancées par une horde de juifs orthodoxes sur un site n'a rien d'exaltant non plus. En effet, ces derniers considèrent les fouilles comme une profanation de sépulture. En Israël, les questions religieuses sont éminemment politiques et les autorités rabbiniques ne tolèrent aucun manquement à cet accord, même quand les scientifiques peuvent démontrer que la tranquillité des morts ne sera pas perturbée. Je me suis entretenu avec rabbi Schmidl, qui dirige l'organisme Atra Kadisha, consacré à la sauvegarde des sites funéraires juifs. Rabbi Schmidl est également chargé des relations avec la communauté des archéologues. Je lui ai fait remarquer qu'en interdisant l'accès des tombeaux aux archéologues israéliens, il laissait les coudées franches aux pilleurs de tombes pour profaner ce qu'il était précisément censé protéger. Ce raisonnement le laissa de marbre : « Ce que les archéologues font, je peux le contrôler. Ce que les pilleurs de tombes font ne concerne que leur conscience et leur dieu. Pour leur part, les archéologues n'ont que ce qu'ils méritent. La plupart d'entre eux traitent les os des anciens avec un mépris athée, en les conservant dans des boîtes, dans les caves de l'Autorité des antiquités israéliennes, ou en les jetant à la poubelle. »

Conséquence de ce statu quo, les tombeaux ne peuvent aujourd'hui être fouillés que lorsque des bulldozers les mettent au jour au cours de travaux de construction. Les ossuaires découverts dans ces circonstances sont stockés dans les vastes réserves de Beth Shemesh – la ville de Samson, le héros biblique. Il arrive aussi que les archéologues examinent des tombeaux lorsque de jeunes Palestiniens, qui sillonnent les campagnes à la recherche de reliques à revendre, ont pillé un site funéraire et décampé en emportant une partie de ses trésors. Bizarrement, si vous êtes pris en train de piller un tombeau, vous serez arrêté et poursuivi en justice. Mais si vous agissez ni vu ni connu et que vous revendez votre butin à un magasin d'antiquités autorisé, ce butin devient automatiquement légal et vos activités délictueuses deviennent rétroactivement « kasher ». En conclusion, il n'y a aucune raison de fabriquer de faux ossuaires, car on peut facilement s'en procurer.

Pour les inscriptions, c'est tout autre chose. Peu après l'annonce de la découverte de l'ossuaire de Jacques, certains spécialistes sortis d'on ne sait où déclarèrent que l'inscription était un faux, ou plus exactement que seule la deuxième partie – « frère de Jésus » – était contrefaite, tandis que la première – « Jacques, fils de Joseph » – était authentique. Selon cette thèse, les deux derniers mots de cette inscription en araméen furent ajoutés par un faussaire, bien décidé à faire croire n'importe quoi au monde et à tirer profit de ce qui serait certainement considéré comme la relique la plus sacrée de la chrétienté.

Au cours de cette première conversation avec Hershel, nous n'avons pas évoqué ces questions. Il m'a seulement révélé que l'ossuaire appartenait à un collectionneur privé de Tel-Aviv et qu'il avait été expertisé et authentifié par la Israel Geological Survey et par le célèbre épigraphiste André Lemaire, professeur à la Sorbonne. Il ne m'en fallait pas plus pour me lancer dans une aventure qui aboutirait à un documentaire d'une heure pour la chaîne Discovery Channel, intitulé *Jacques, frère de Jésus* et diffusé dans le monde entier. J'ai eu droit aux gros titres de la presse internationale, mais mon bonheur fut de courte durée car la contre-attaque des milieux universitaires se déchaîna aussitôt. Quand mes détracteurs affirmèrent que la seconde partie de l'inscription était contrefaite, on eut tendance à les croire sans même chercher à prendre en considération les preuves en faveur de son authenticité. Mais pour moi, il était déjà trop tard. Alors que l'« ossuaire de Jacques » était discrédité, Jacques m'avait d'ores et déjà introduit dans sa famille.

Amos Kloner est un petit homme au sourire espiègle. Des années durant, il a travaillé à l'Autorité des antiquités israéliennes et est devenu un expert des tombeaux de la région de Jérusalem. C'est lui qui a rédigé le catalogue de ces sites funéraires. J'ai rencontré Kloner pour la première fois en 2003 dans l'ancien entrepôt de l'AAI à Jérusalem, avant son transfert à Beth Shemesh. Ce bâtiment était devenu trop petit pour les innombrables découvertes de l'AAI, depuis les outils de l'âge de pierre jusqu'aux canons turcs du XIXe siècle, en passant par les épées des croisés. De nombreuses civilisations ont laissé leur marque sur la Terre promise et l'entrepôt de l'AAI est le gardien de leurs vestiges.

Dans les anciens sous-sols de l'AAI, auxquels on accédait par un escalier métallique en colimaçon, il fallait marcher sur des artefacts avant de découvrir les objets recherchés. Pour replacer l'ossuaire de Jacques dans son contexte, j'entrai en contact avec le Dr Kloner, car il existait un seul autre ossuaire mentionnant un frère. En voici l'inscription : « Shimi, fils de [illisible] frère de Chanin [ou Chanaya] ». Le nom du père n'avait pu être déchiffré. Il existe cependant un célèbre rabbi dans le Talmud, un faiseur de miracles nommé Chanaya ben Akasha. Si l'ossuaire de Shimi pouvait être identifié comme étant celui du frère de Chanaya, cela créerait un précédent pour l'ossuaire de Jacques. Cela signifierait que les frères des personnages célèbres les mentionnaient sur leurs ossuaires.

Kloner est le genre d'homme qui sait beaucoup de choses mais qui répugne à établir des liens entre les faits, de peur qu'ils ne forment un tableau d'ensemble. Il n'aime pas les tableaux. Il aime les éléments épars. Le Dr Kloner estime que les généralisations ne sont que des spéculations, à l'opposé de la démarche scientifique. Pour lui, les ossuaires sont seulement un catalogue de personnes anonymes, à jamais inconnues. Ce sont tous des juifs du Ier siècle de notre ère, c'est tout ce que l'on peut en dire. Quand je lui ai demandé récemment quelle serait sa réaction si l'on trouvait un ossuaire portant l'inscription « Marie Madeleine », il s'est contenté de faire la grimace en lâchant ce bref commentaire :

— Je dirais... très intéressant.

Au milieu de tous les ossuaires entassés dans la cave de l'AAI en 2003, il me demanda en hébreu pourquoi j'étais si intéressé par l'ossuaire de Jacques.

— D'une part, dis-je, cette boîte pourrait contenir l'ADN de la famille de Jésus.

Kloner éclata de rire :

— Dans ces conditions, pourquoi vous focaliser sur l'ossuaire du frère ? Pourquoi ne dirigez-vous pas vos efforts sur l'ossuaire « Jésus fils de Joseph » ?

À ses yeux, tout cela était absurde. On ne pouvait pas plus établir de liens entre un Jésus de l'Ancien Testament et le célèbre Jésus de Nazareth qu'entre le Jacob de l'Ancien Testament et celui des Évangiles. Les noms de Jésus, Jacob, Judas, Myriam ne représentaient pour lui que des noms juifs très communs dans la Jérusalem du Ier siècle.

— Avez-vous déjà trouvé le nom de Jésus sur un ossuaire ? lui demandai-je alors.

— À de nombreuses reprises, me répondit-il.

En réalité, ces « nombreuses » occurrences se limitaient à six. Mais je n'étais pas intéressé par tous les ossuaires portant le nom de Jésus. Je ne m'intéressais qu'à un certain « Jésus, fils de Joseph ». Or, durant plus d'un siècle de recherches archéologiques, on n'avait retrouvé que deux inscriptions semblables.

Le premier ossuaire portant le nom de Jésus fut découvert en 1926. Il fit les gros titres de la presse internationale quand son existence fut révélée le 6 janvier 1931, lors d'un congrès archéologique à Berlin. Plusieurs éléments méritaient considération. Tout d'abord, l'homme qui identifia l'inscription était le professeur Eleazar Sukenik, de l'Université hébraïque de Jérusalem, l'archéologue qui, en 1948, découvrit les manuscrits de la mer Morte. Deuxièmement, cet ossuaire était dans un excellent état de conservation, à l'exception du couvercle qui manquait. Il est toujours exposé au musée d'Israël, non pas comme un objet exceptionnel qui aurait jadis contenu les os de Jésus, mais pour illustrer le fait que les noms de Jésus et Joseph étaient très communs dans la Judée du Ier siècle et qu'il ne fallait pas s'étonner de les retrouver sur des sépultures. Troisièmement, enfin, l'ossuaire portait sur un côté l'inscription « *Yeshu* », le diminutif de « *Yeshua* ». Ainsi, il se peut que Jésus ait été aussi connu par son surnom, et c'est peut-être la raison pour laquelle cet ossuaire porte les deux mentions, « *Yeshua* » et « *Yeshu* ».

Lors du congrès, le discours de Sukenik fut accueilli par un tollé général. Ses collègues estimaient hasardeux d'associer un nom trouvé sur un ossuaire à un personnage du Nouveau Testament, d'autant plus qu'on ignorait tout de la provenance de l'objet (Sukenik l'avait découvert dans les sous-sols du musée Rockefeller) et du contexte de sa découverte. Peut-être le tombeau dans lequel il avait reposé portait-il l'inscription « Jésus, rédempteur de l'humanité », à moins que ce ne fût « Jésus, le meilleur boulanger de Jérusalem » – il n'y avait aucun moyen de le savoir et rien d'autre à en dire. Sukenik n'insista pas et se lança dans une autre aventure, liée à la précédente : la recherche des judéo-chrétiens, nazaréens ou ébionites.

Utilisé par les Pères de l'Église, notamment Ignace, le terme « ébionite » désigne à l'origine certains des premiers disciples de Jésus. Il vient de l'hébreu *ebion*, qui signifie « pauvre, misérable ». C'était probablement le titre que portaient ceux qui avaient renoncé aux biens terrestres pour se consacrer à l'édification spirituelle. Les premiers adeptes de Jésus ont été également appelés « nazaréens » ou, plus tard, « judéo-chrétiens ». Le terme « nazaréen » nous a également été transmis par les premiers auteurs chrétiens. La différence entre « ébionites » et « nazaréens » n'est pas claire, mais certains spécialistes pensent que les ébionites étaient des juifs qui ne croyaient pas à la divinité de Jésus tout en le considérant comme le Messie. Les « nazaréens », de leur côté, étaient des juifs qui adhéraient aux dogmes du christianisme naissant, notamment la conception virginale de Jésus et la Sainte Trinité. Le terme « judéo-chrétien » est une invention moderne qui se réfère à la fois aux ébionites et aux nazaréens – un terme fourre-tout qui désigne l'ensemble des partisans juifs de Jésus au début du christianisme. Sukenik était convaincu que nombre des tombeaux et ossuaires découverts à Jérusalem appartenaient à des judéo-chrétiens.

L'étude des judéo-chrétiens a été et reste une spécialité controversée tant par les juifs que par les chrétiens. Kloner n'avait aucune envie d'être impliqué dans de telles querelles théologiques. Pourquoi le sujet est-il aussi tabou ? Commençons par aborder la question du point de vue de l'Église.

Selon la plupart des érudits, Jésus fut crucifié vers l'an 30. Le christianisme est devenu la religion officielle de l'Empire romain sous l'empereur Constantin en 315. Trois siècles séparent donc la crucifixion de Jésus – accusé de sédition contre l'Empire romain – de son élévation au statut de Dieu de ce même empire. Durant ce laps de temps, ses adeptes passèrent de la condition de secte juive persécutée à celle de force religieuse dominante du monde civilisé. Tout cela s'accomplit alors que d'autres rebelles juifs, notamment Bar-Kokhba, défiaient l'autorité romaine.

Pour qu'une secte juive persécutée accède au statut de religion universelle, il fallut que les disciples non juifs de Jésus se séparèrent des judéo-chrétiens. Avant la destruction de Jérusalem en 70, c'eût été une tâche impossible. Jésus, sa famille, ses apôtres et tous ses partisans sans exception étaient juifs. Mais après sa crucifixion, un groupe de « gentils », conduit par un juif nommé Saül (qui deviendra l'apôtre Paul), entreprit d'éclipser le groupe juif originel.

La lutte entre les disciples juifs et gentils de Jésus n'avait pas lieu d'être avant la chute de Jérusalem. Tant que le Temple fonctionnait, les ébionites dirigeaient le mouvement chrétien primitif. Paul lui-même ne pouvait pas ignorer le rôle primordial de Jacques, le « frère du Seigneur » (Galates 1, 19) et chef des ébionites. Mais après la destruction du Temple et de Jérusalem, le mouvement originel s'effondra et sombra dans les oubliettes de l'histoire. Selon la légende, les judéo-chrétiens s'enfuirent à Pella, aujourd'hui en Syrie, survécurent quelques décennies puis se fondirent dans la chrétienté des gentils, ou bien retournèrent dans le giron du judaïsme rabbinique.

Les Pères de l'Église, qui définirent le christianisme tel que nous le connaissons aujourd'hui, ignorèrent les ébionites et les nazaréens ou bien les traitèrent comme des hérétiques. Le témoignage des compagnons du Jésus historique était à vrai dire embarrassant car il confrontait la jeune communauté à des questions comme celle-ci : « Si Marie était vierge, comment se fait-il que Jésus ait eu quatre frères et deux sœurs ? » Les Pères de l'Église résolurent ce problème en décrétant que ces frères et sœurs étaient en réalité des cousins. Mais il y avait d'autres questions, encore plus difficiles à contourner, par exemple celle-ci : « Si Jésus et ses disciples observaient le Shabbat, les règles de la kashrout et pratiquaient la circoncision, pourquoi les chrétiens ne le font-ils pas ? » Bien sûr, on pouvait toujours trouver des réponses théologiques, mais il était plus simple d'ignorer les descendants de ceux qui avaient jadis marché au côté de Jésus. Soyons clairs : en demeurant des juifs pratiquants, les judéo-chrétiens représentaient une source d'embarras pour l'Église primitive.

Et c'est ainsi qu'ils disparurent du paysage, comme s'ils n'avaient jamais existé. Les spécialistes des mouvements chrétiens antérieurs à l'empereur Constantin se penchent eux-mêmes rarement sur leur cas. La plupart des gens sont persuadés que le christianisme est né à Rome, au IVe siècle. En conséquence, rares sont ceux qui s'attendent à trouver des preuves archéologiques antérieures. Puisqu'ils n'ont pas existé, comment les judéo-chrétiens en auraient-ils laissé derrière eux[1] ?

D'une manière générale, les juifs se sont montrés tout aussi discrets sur la question. Après tout, pendant presque deux millénaires, la relation entre christianisme et judaïsme, entre chrétiens et juifs, fut une relation entre souverains et sujets. Les juifs ne pouvaient pas s'adresser aux autorités pontificales et leur dire : « Votre Dieu était l'un d'entre nous. Pour nous, il n'est pas le Messie, mais un grand patriote. Si vous ne nous croyez pas, reportez-vous donc à l'histoire des ébionites. » Alors que le christianisme gentil s'était construit sur les fondements d'une secte juive, les autorités rabbiniques établirent ainsi une frontière infranchissable entre chrétiens et juifs. De leur point de vue, le christianisme était devenu une religion païenne et les disciples juifs de Jésus devaient choisir entre Jésus et le peuple juif : on ne pouvait être juif et chrétien à la fois.

Le moment crucial dans le processus d'éviction des judéo-chrétiens de la synagogue se produisit au IIe siècle, avec l'introduction dans la liturgie juive d'une bénédiction – en réalité une malédiction –, la « *Birkat ha-minim* »[2]. Le terme *minim* signifie « genres », « variétés » ou « branches » en hébreu. Sur un plan religieux, il désigne les sectes et par extension les hérétiques. Au

---

1. En 2006, on a découvert par hasard la plus ancienne église chrétienne connue, dans la cour de la prison de Megiddo, en Israël. La mosaïque est manifestement chrétienne, non juive, et donc non controversée.

2. Cette « bénédiction » fut introduite à Jabné sur l'ordre du patriarche Gamaliel II.

IIe siècle, cette prière contre les hérétiques apparut donc dans la liturgie synagogale. Détail intéressant, les Romains, ennemis d'Israël, n'y étaient pas mentionnés. Il s'agissait bien d'une affaire interne. La malédiction, disait-on, ne pouvait être efficace que lorsque les hérétiques conduisaient le service et la récitaient eux-mêmes. Les disciples juifs de Jésus ne pouvant répondre *amen* à une telle « bénédiction », ils étaient contraints de se dénoncer eux-mêmes en repliant leur châle de prière et en quittant la synagogue.

Marginalisés des deux côtés, les ébionites et les nazaréens sortirent pour toujours du cours de l'histoire. Victimes des dogmes théologiques, ils représentaient une source d'embarras pour les juifs comme pour les chrétiens. Les premiers voulaient oublier que les premiers partisans de Jésus étaient juifs, et les seconds préféraient se débarrasser de témoins gênants.

L'éviction des judéo-chrétiens a également eu un impact sur le plan archéologique : l'occultation de leur culture matérielle, c'est-à-dire des preuves tangibles de leur existence. Si l'on ne trouve aucun objet chrétien antérieur au IVe siècle, c'est que l'on considère que les judéo-chrétiens ne se distinguent en rien des autres juifs. Pour la majorité des spécialistes, l'archéologie du christianisme primitif commence avec Constantin ou juste avant lui au début du IVe siècle.

Le professeur Sukenik était en complet désaccord avec cette position. Il estimait avoir trouvé des preuves de l'existence de tombeaux judéo-chrétiens à Jérusalem et dans les environs, en particulier à Talpiot[1]. Il pensait

---

1. En septembre 1945, un tombeau fut découvert à Talpiot, qui conte-

également que l'archéologie pouvait combler le fossé créé par la théologie. Aux yeux de la communauté archéologique israélienne, la passion de Sukenik pour le judéo-christianisme était une excentricité, l'obsession bizarre d'un esprit par ailleurs brillant. Ils rejetèrent – et continuent de rejeter – cette partie du legs de Sukenik. Pourtant, s'il avait raison et que l'on puisse localiser des tombeaux judéo-chrétiens du Ier siècle, pourquoi pas le tombeau de famille de Jésus ?

Dans le monde chrétien, Sukenik avait son équivalent : le père Bellarmino Bagatti (1905-1990), un franciscain. Pendant trente années, le père Bagatti dirigea l'église de la Flagellation dans la Vieille Ville de Jérusalem, la deuxième étape du chemin de croix de Jésus sur la Via Dolorosa. Le père Bagatti, italien de naissance, était un archéologue émérite qui créa un petit musée dans son église, où il déposa une partie de ses nombreuses découvertes.

En 1953, les franciscains entreprirent de rénover la chapelle du Dominus Flevit – « Le Seigneur a pleuré » – sur le mont des Oliviers, dominant le mont du Temple. C'est là, selon la tradition chrétienne, que Jésus contempla le Temple de Jérusalem et qu'il pleura en

---

nait onze ossuaires. Sukenik procéda aux fouilles. Sur le plan architectural, ce tombeau est très semblable au Tombeau aux dix ossuaires. L'ossuaire numéro 8 porte quatre grandes croix. On y a également déchiffré une inscription en grec : « Jésus Aloth ». Il pourrait s'agir d'une traduction du verbe hébreu « *aleh* », signifiant « se lever ». L'ossuaire numéro 7 porte une inscription en grec dessinée au fusain. Sukenik la traduisit par « Jésus, malheur ! ». L'ossuaire numéro 1 porte une inscription en hébreu : « *Shimon bar Saba* ». Le nom de famille Barsabbas est seulement attesté dans les Actes des apôtres (1, 23 ; 15, 22).

songeant à la destruction qui attendait le centre sacré du judaïsme. Il s'agit d'un épisode important de l'histoire du mouvement chrétien primitif parce que non seulement Jésus a prophétisé la destruction du Temple, mais aussi sa reconstruction. En effet, Jésus promit que trois jours après sa destruction, il reconstruirait lui-même le Temple. Ainsi, il annoncerait la fin des temps, l'ère du Troisième Temple et l'avènement du règne de Dieu sur terre. La fin des temps n'étant pas advenue, certains de ses disciples en conclurent qu'ils avaient mal interprété ses paroles. Le mot « temple », dirent-ils, signifiait son corps, et sa « reconstruction » trois jours plus tard était une allusion à sa propre résurrection trois jours après la crucifixion[1]. L'important était de sauver l'humanité dans son ensemble, et non pas simplement de libérer le peuple juif de l'oppression romaine.

Cette vision des choses était inacceptable pour les judéo-chrétiens, en particulier les ébionites. Jésus était le Messie et avait donc le devoir de réunir les tribus d'Israël, d'émanciper le peuple élu et d'instaurer la loi divine sur terre en rétablissant le trône de Dieu à Jérusalem. Le Temple ayant été détruit *après* la crucifixion, affirmaient-ils, il serait reconstruit *après* le second avènement du Messie. Nombre d'ébionites étaient ainsi enterrés sur le mont des Oliviers au Dominus Flevit, afin d'être aux premières loges pour assister à la résurrection. C'était du moins l'hypothèse que forgea le père

---

1. C'est ainsi que l'Évangile de Jean explique l'allusion de Jésus à la reconstruction du Temple (Jean 2, 19-22).

Bagatti quand il découvrit ce qu'il qualifia de « nécropole judéo-chrétienne ».

Le père Bagatti découvrit au moins une demi-douzaine de tombeaux et des dizaines d'ossuaires portant les noms de personnages du Nouveau Testament, comme « Saphira » ou « Marthe ». Certains des ossuaires étaient même ornés de croix. Contrairement à l'ossuaire « Jésus » de Sukenik, la découverte de Bagatti – il s'agissait selon lui du plus ancien cimetière judéo-chrétien – ne fit pas les gros titres de la presse. Au contraire, sa thèse fut tournée en ridicule par les Juifs, religieux et laïcs, comme par les chrétiens. Devant tant d'hostilité, il capitula. Il interrompit ses fouilles, laissant les tombeaux inexplorés et les tombes ouvertes. Aujourd'hui, toutefois, on peut voir au Dominus Flevit une plaque qualifiant la nécropole de « judéo-chrétienne ». Le père Bagatti n'a en effet jamais désavoué sa thèse, et les touristes peuvent contempler les ossements d'hommes et de femmes qui étaient, selon Bagatti, les premiers disciples de Jésus. Ils n'ont pas été réinhumés, peut-être pour éviter toute controverse sur le type de funérailles qu'il faudrait leur accorder, juives ou chrétiennes.

Si le père Bagatti avait raison, le cimetière de Dominus Flevit représente l'une des découvertes archéologiques les plus importantes du christianisme. Alors pourquoi les fouilles ont-elles été abandonnées et ses découvertes ignorées ? Pour quatre raisons, toutes mauvaises. D'abord, le raisonnement suivant : puisque les judéo-chrétiens ne pouvaient être différenciés des autres juifs, il ne peut exister de restes humains judéo-chrétiens. Deuxièmement, selon une idée reçue, la croix comme symbole du christianisme ne serait apparue que sous

Constantin. C'est faux : un siècle au moins avant Constantin, Tertullien, l'un des premiers auteurs chrétiens, indiquait que les fidèles pratiquaient le signe de la croix [1].

Les deux raisons suivantes sont plus politiques qu'historiques. Le père Bagatti découvrit la nécropole judéo-chrétienne cinq ans seulement après la naissance de l'État moderne d'Israël, et seulement huit ans après Auschwitz. Les Juifs de l'après-Shoah, dans leur État naissant, ne voulaient plus qu'on leur parle du christianisme. Ils essayaient de retrouver leur propre histoire, celle du peuple juif. Un moine franciscain affirmant que des tombeaux découverts à Jérusalem abritaient les restes de judéo-chrétiens n'avait aucune chance de se faire entendre.

De son côté, l'Église catholique s'abstint de soutenir Bagatti car ses découvertes soulevaient deux problèmes, sans lien avec l'archéologie. Tout d'abord, le père Bagatti avait déterré les restes de ceux que les Pères de l'Église avaient accusés d'hérésie. Il n'y avait donc aucune raison de leur rendre hommage. Deuxièmement, Bagatti avait fait une découverte sensationnelle mais fortement sujette à controverse : l'ossuaire de Pierre.

Des années durant, le Vatican a effectué des fouilles sous la basilique Saint-Pierre de Rome, à la recherche d'éléments prouvant que le saint homme était bien enterré là, comme le voudrait la tradition. Il y a certes un ancien cimetière romain sous la basilique, mais c'est

---

1. Voir Tertullien, qui, dans *De la couronne du soldat* (*De corona militis*), fait dire aux chrétiens : « Quoi que nous fassions, nous marquons notre front du signe de la croix. »

un cimetière païen. En dépit de l'absence totale de preuve archéologique, des rumeurs circulent régulièrement sur la découverte des reliques de saint Pierre. Des ossements trouvés dans ce cimetière firent un jour la une de la presse internationale jusqu'à ce que l'on détermine qu'ils appartenaient à plusieurs personnes, dont des femmes, et qu'il y avait même des os de poulets parmi eux. Non seulement il n'y a aucune preuve que saint Pierre soit enterré sous le Vatican, mais rien n'indique qu'il y ait à cet endroit un quelconque cimetière chrétien, juif ou judéo-chrétien.

Si l'on retrouvait la tombe de Pierre, à quoi ressemblerait-elle ? Premièrement, il est douteux que la tombe de l'apôtre porte l'inscription « Pierre ». Après tout, ce n'était pas son nom. Dans les Évangiles, Jésus se tourne vers Simon (*Shimon* en hébreu et en araméen), l'appelle Képhas (« pierre » en araméen) et lui dit : « Tu es Pierre, et sur cette pierre, je bâtirai mon Église. » « Pierre » est la traduction du latin *Petrus*, lui-même traduction de l'araméen *Képhas*, qui n'est donc qu'une dignité ou un surnom que Jésus attribua à l'un de ses disciples.

Les Évangiles indiquent clairement que Pierre se nomme « *Shimon bar Yonah* », c'est-à-dire « Simon fils de Jonas ». En fait, Shimon est le nom juif le plus courant dans la Judée du Ier siècle. La découverte d'un ossuaire éponyme ne prouverait strictement rien, étant donné qu'on estime que vingt pour cent des Juifs le portaient. En revanche, « Jonas » est plus rare. C'est un nom biblique tombé en désuétude à cette époque. La découverte d'un ossuaire portant l'inscription « *Shimon bar Yonah* » constituerait un événement exceptionnel. Si le Vatican trouvait un jour un tel vestige sous la basilique

Saint-Pierre, il y aurait une grande conférence de presse, le pape dirait une messe et des millions de fidèles se succéderaient pendant des heures pour vénérer ce qui deviendrait la relique la plus sacrée de la chrétienté.

Or un ossuaire portant l'inscription « *Shimon bar Yonah* » a été découvert dans un contexte archéologique plus convaincant que le cimetière païen de la basilique romaine. Plus précisément, il a été trouvé par le père Bagatti dans la nécropole judéo-chrétienne du Dominus Flevit. Parmi les milliers d'ossuaires enterrés dans la région de Jérusalem, il est le seul à porter cette inscription si rare qu'on ne lui connaît aucun précédent, ni sur ce support ni sur aucun autre. Mais comme cet ossuaire n'a pas été découvert là où les autorités religieuses auraient aimé qu'il se trouvât, il n'y eut ni conférence de presse, ni messe, ni procession. Rien. On l'expédia ni vu ni connu dans le petit musée de l'église de la Flagellation, dans la Vieille Ville de Jérusalem, où il se trouve toujours, en piteux état et ignoré de tous. Les os furent jetés on ne sait où, le couvercle ainsi que deux des parois latérales perdus, et ce qui restait de l'ossuaire abandonné sans autre forme de cérémonie au milieu de vingt autres, témoins silencieux de ce qui arrive aux objets qui ne sont pas conformes aux canons théologiques ou archéologiques.

En 2003, alors que le Dr Kloner et moi-même étions au milieu d'ossuaires dans l'entrepôt de l'AAI, j'ignorais encore tout ce qui précède. Ce qui m'intéressait, c'était mon enquête sur l'inscription « Jacques fils de Joseph, frère de Jésus », et voilà que cet homme m'apprenait qu'un ossuaire portant l'inscription « Jésus fils de Joseph » avait également été découvert.

– Où est-il ? ai-je demandé.

– Ici, répondit Kloner, qui alla aussitôt rejoindre la jeune étudiante assise à l'entrée pour l'entretenir de ses examens.

Elle avait une vingtaine d'années, était jolie et légèrement pédante. Elle travaillait à temps partiel dans les sous-sols de l'AAI. Kloner lui demanda d'aller chercher « Jésus fils de Joseph ». Elle s'exécuta sans enthousiasme. Ses doigts ne tremblèrent pas quand elle compulsa son fichier ; elle me conduisit à travers les rangées d'ossuaires reposant sur des étagères ou alignés à même le sol. En souriant, elle désigna du doigt l'ossuaire le plus ordinaire qu'il m'ait été donné de voir.

– Regardez, l'inscription est ici, sur le côté, dit-elle.

– C'est à peine lisible, comme une ordonnance de médecin que seul un pharmacien peut déchiffrer, ajouta Kloner en riant.

Je braquai le faisceau de ma lampe torche sur les lettres que Kloner effleurait de ses doigts.

Je m'efforçai de rester calme, mais quelque chose me dit qu'il ne s'agissait pas d'un ossuaire parmi d'autres. Kloner m'apprit qu'il l'avait trouvé dans un tombeau à Talpiot-Est, un faubourg à mi-chemin entre Jérusalem et Bethléem. Il avait été mis au jour par des bulldozers en 1980, au cours des travaux de construction d'immeubles d'habitation. Kloner avait été envoyé sur les lieux en compagnie de Yoseph Gat, un archéologue israélien d'origine roumaine, aujourd'hui décédé, pour procéder aux investigations scientifiques, et ils avaient extrait dix ossuaires du tombeau, dont celui-ci.

– Y avait-il d'autres inscriptions ? demandai-je.

Il s'esclaffa :

— Je préfère ne rien vous dire, sinon vous allez sauter en l'air en hurlant : « J'ai retrouvé la famille de Jésus ! »

Je n'ai pas ri. Je me suis forcé à sourire :

— Quels autres noms y avait-il dans ce tombeau ?

— Si je me souviens bien, il y avait un « *Matia* » (Matthieu), un « *Yoseph* » (Joseph) et deux « Marie ».

— Et vous considérez cette série de noms comme *non* significative ?

— En effet. Marie, ou Myriam, était le prénom féminin le plus courant en Israël au Ier siècle. Si vous vous trouviez sur un marché à l'époque et que vous criiez « Myriam ! », la moitié des femmes se retournaient vers vous. C'est la raison pour laquelle il y a tant de Marie dans les Évangiles. Tout le monde s'appelait Marie. Une Marie à côté d'un Jésus sur un ossuaire ? Croyez-moi, il n'y a pas de quoi fouetter un chat !

— Vraiment ? Combien d'autres tombeaux avec deux Marie, un Joseph et un Jésus avez-vous découverts ?

— Aucun. Mais ne vous emballez pas, la seconde Marie n'est pas Marie Madeleine. Son nom est Mariamne, une version grecque, maccabéenne, de « Myriam ». L'une des femmes d'Hérode le Grand portait ce nom. Mais aucune femme proche de Jésus ne s'appelait Mariamne. Je suis désolé pour vous, monsieur Jacobovici, conclut-il en riant avant de quitter la salle.

Je restai dans le sous-sol, les yeux rivés sur l'inscription. Même moi, profane en la matière, je pouvais aisément distinguer les lettres « Jésus fils de Joseph ». J'ai regardé autour de moi pour m'assurer que personne ne m'observait et j'ai enlevé le couvercle de l'ossuaire. Il était vide, mais, au fond, incrustés dans une sorte de terre rougeâtre au milieu de fragments de calcaire qui s'étaient détachés des parois, il y avait des restes humains.

Ron Pappin est un personnage. Originaire de Timmins, une ville minière du nord de l'Ontario, il a fait tous les métiers, depuis quincaillier jusqu'à gardien de phare. Il fait partie de ces êtres inadaptés à leur environnement. Devenu expert en histoire ancienne, il est capable de décrire les rues de la Rome antique mieux que celles de New York, alors qu'il n'a jamais quitté le Canada. Il y a longtemps de cela, il a décidé que s'il était condamné à voyager uniquement en imagination, il préférait visiter le monde ancien.

Ron était sur le point d'obtenir un doctorat en histoire de l'Antiquité à l'université de Toronto quand son épouse, beaucoup plus jeune que lui, contracta la maladie de Charcot, ou sclérose latérale amyotrophique. Depuis lors, il prend soin d'elle. Il fume la pipe, et ses dents en sont noircies. Celles de devant manquent, mais comme il consacre tout son argent aux soins de sa femme, il n'a pas les moyens de s'offrir une prothèse. Avec son chapeau à la Indiana Jones et sa bedaine de plusieurs dizaines de kilos, c'est un personnage hors du commun. Responsable du service recherches de notre société de production, il est avant tout mon ami.

Quand je suis revenu de Jérusalem à l'automne 2003, j'avais emporté avec moi le rapport de Kloner sur la découverte du tombeau de Talpiot-Est. J'ai laissé tomber le dossier sur le bureau de Ron en lui disant :

— En 1980, on a découvert un tombeau au sud de Jérusalem.

— On a découvert de nombreux tombeaux, dit Ron. Qu'est-ce que ça a à voir avec l'ossuaire de Jacques ?

— Les archéologues ont retrouvé dix ossuaires dans le tombeau de Talpiot. Six d'entre eux portaient des inscriptions, dont un « Matthieu », un « Joseph », deux « Marie » et un « Jésus, fils de Joseph ».

Ron parut intrigué :

— Et ça n'a pas fait de bruit ?

— En fait, la deuxième Marie s'appelait...

— Madeleine ? me coupa-t-il en riant.

— Non, justement... Mariamne.

— Jamais entendu ce nom-là. Dommage, gloussa-t-il avant de retourner à son travail.

— Peux-tu effectuer une recherche sur ce nom, dis-je, pour voir s'il y a un lien entre les noms Mariamne et Madeleine ?

Il consulta aussitôt Google puis se tourna vers moi, légèrement pâle.

— Regarde, Simcha, s'exclama-t-il.

Par-dessus de son épaule, je scrutai l'écran.

— Selon des études récentes, lut Ron à voix haute, le véritable nom de Marie Madeleine était... Mariamne.

– Chapitre 3 –

LE TOMBEAU PERDU
Simcha Jacobovici

Le moins que l'on puisse dire, c'est qu'Oded Golan n'a pas bonne réputation. J'ai rencontré cet Israélien, collectionneur d'antiquités, en octobre 2002, après qu'Hershel Shanks m'eut donné les droits exclusifs sur l'histoire qu'il était sur le point de révéler dans la *Biblical Archaeology Review* (*BAR*) concernant la découverte de l'ossuaire de Jacques. À l'époque, personne parmi le peu de gens au courant de cette affaire ne mettait en doute son authenticité.

Je pris l'avion pour Tel-Aviv afin de filmer le dernier examen de l'ossuaire avant la publication de l'article du *BAR*. Le monde ignorait encore l'existence de ce qui était, selon toute vraisemblance, le premier artefact attestant l'existence de Jésus de Nazareth. Hershel m'avait averti qu'après cet ultime examen le propriétaire, qui désirait rester anonyme, pourrait interdire tout accès à l'ossuaire. Il me fallait absolument profiter de cette opportunité car il n'y aurait peut-être pas d'autre séance de prises de vue.

Le jour dit, je quittai l'hôtel Carlton en front de mer et pris la direction du centre de Tel-Aviv. Le propriétaire donnait des instructions par téléphone portable à mon chauffeur. Je m'étais imaginé une belle balade le long de la côte méditerranéenne jusqu'à une villa isolée perchée sur une colline. Au lieu de cela, nous avons à peine dépassé deux ou trois pâtés de maisons pour nous arrêter devant un petit immeuble des plus banals. Mon équipe de tournage israélienne et moi-même avons emprunté un ascenseur jusqu'au deuxième étage, et nous nous sommes retrouvés dans une sorte d'appartement de célibataire, accueilli par un homme de taille moyenne, d'une quarantaine d'années, au visage assez juvénile.

Oded Golan est un garçon de bonne famille. Sa mère est professeur d'agriculture à la retraite, son père ingénieur. Son frère possède une maison d'édition spécialisée dans les ouvrages éducatifs. Lui-même a été officier dans l'armée israélienne, puis entrepreneur. Il éprouve une passion pour les femmes asiatiques, l'architecture moderne et la musique classique. En pénétrant dans cette garçonnière, la seule chose que je remarquai fut le piano quart de queue blanc. L'appartement était un peu sale mais relativement en ordre pour un célibataire. Jamais je n'aurais imaginé que l'un des plus grands collectionneurs d'antiquités bibliques puisse vivre dans un tel cadre. Le richissime Shlomo Moussaieff, probablement son plus célèbre homologue au monde, possède des résidences somptueuses en Israël, en Angleterre et aux États-Unis. Debout dans cet appartement minable, je me sentis floué. Je m'attendais à rencontrer un Moussaieff, ce n'était qu'un Golan.

Mon hôte appuya sur un bouton et le décor changea instantanément. Des stores s'élevèrent sur plusieurs murs, révélant des vitrines où étaient exposées des objets des temps bibliques d'une valeur inestimable. J'eus soudain le sentiment de tourner un film de James Bond, plutôt qu'un documentaire sur Jacques, fils de Joseph, frère de Jésus.

Golan est un collectionneur ; tout chez lui l'indique. Au cours de notre conversation, il reçut un appel téléphonique d'un Arabe qui vivait près d'Hébron, sur la rive occidentale du Jourdain, ces territoires de l'ancien Israël que se disputent aujourd'hui Israéliens et Palestiniens. L'homme à l'autre bout du fil invitait Golan à consulter un site Web. Je le suivis jusqu'à son ordinateur. Là, sous mes yeux, apparut un véritable trésor de l'âge du bronze découvert par de jeunes Palestiniens le jour précédent : épées, couteaux, bijoux, poteries, que sais-je encore. Après un rapide coup d'œil à la marchandise, Golan acheta deux épées pour environ deux mille dollars. Si l'Exode biblique s'est bien déroulé à l'âge du bronze tardif, ces épées ont pu appartenir à des soldats hébreux de l'armée de Josué.

— L'AAI n'a pas connaissance de cette découverte majeure, me confia Golan. Elle n'en saura jamais rien. Les Arabes me donnent la primeur. Tout ce que je n'achète pas quittera le pays et se retrouvera dans une salle de conseil d'administration au Japon ou ailleurs, perdu à jamais pour les chercheurs. Je rends un grand service à ce pays en faisant en sorte qu'au moins une partie de nos trésors reste ici. Croyez-vous que les autorités me témoignent leur reconnaissance ? Rien, pas même un diplôme honorifique ! Parce que j'achète des artefacts à des Arabes de Cisjordanie, on me traite comme un criminel poursuivant des activités illégales. Ça vous semble logique ?

Quoi qu'il en soit, à l'automne 2002, je ne m'intéressais pas au commerce des antiquités bibliques ; mon attention étant focalisée sur l'ossuaire de Jacques. Toute la journée, j'enregistrai sur magnétoscope les divers tests auxquels les scientifiques procédaient dans l'appartement de Golan. André Lemaire, ancien prêtre, professeur à la Sorbonne et épigraphiste de renommée mondiale, examinait une dernière fois l'inscription, le style d'écriture, la grammaire, etc. Le Dr Shimon Ilani et le Dr Amnon Rosenfeld de l'Israel Geological Society étudiaient quant à eux la patine – le mince dépôt qui se développe au fil des siècles sur les parois des ossuaires en calcaire tendre. Pour sa part, Hershel Shanks passait en revue toutes les données historiques sur Jacques pour confronter ces informations avec l'ossuaire. Flavius Josèphe indique que Jacques fut tué à Jérusalem, aussi n'était-il pas surprenant d'y retrouver son ossuaire. Le récit ne contredit pas l'archéologie. En outre, le Nouveau Testament désigne explicitement Jacques comme le « frère du Seigneur » (Galates 1, 19).

L'enthousiasme régnait dans l'appartement. Tout le monde était d'accord : l'inscription était authentique, la grammaire était correcte et la patine d'origine.

L'ossuaire reposait sur une table au milieu de la pièce. Je regardai à l'intérieur et vit des fragments d'os. *L'ADN de la famille de Jésus !* pensai-je. Plus tard, j'appris que Golan les avait placés dans un récipient en plastique qu'il avait ensuite confié à un ami pour le mettre à l'abri.

Quand chacun eut fini sa tâche, je m'attardai un peu

dans l'appartement. Golan s'assit devant son piano et se mit à jouer du Beethoven. C'était l'un de ces moments surréalistes que la vie nous réserve parfois. Je me trouvais à Tel-Aviv en train d'écouter de la musique classique allemande jouée par un collectionneur israélien excentrique, à côté de l'ossuaire du frère de Jésus.

Quand Golan eut achevé sa sonate, je le complimentai et retournai à mon hôtel en songeant que, sous peu, le monde entier découvrirait, sidéré, les images saisies par ma caméra.

Le 21 octobre 2002, Hershel Shanks et la chaîne Discovery Channel tinrent une conférence de presse à Washington. Le lendemain matin, une photo en couleur de l'« ossuaire de Jacques » faisait la une du *New York Times*, puis de toute la presse internationale, et trente secondes des images que j'avais prises dans l'appartement de Golan firent le tour de la planète grâce à CNN.

Le 31 octobre 2002, l'ossuaire fit à nouveau les gros titres des journaux. Cette fois parce qu'il avait subi des dommages durant son transport vers Toronto, où il devait être exposé au musée royal de l'Ontario. Là encore, je fus au centre de l'action, en filmant l'ossuaire cassé, le processus de restauration et sa première présentation au public.

Cent mille personnes défilèrent devant l'ossuaire au cours de cette exposition. L'une d'elles était le professeur James Tabor, expert en archéologie biblique à l'université de Caroline du Nord. J'ai filmé Tabor sans le savoir alors qu'il examinait l'ossuaire dans sa vitrine. Il faisait partie des nombreux d'universitaires qui se trouvaient à Toronto par le plus grand des hasards. En effet, la Society of Biblical Literature (SBL), l'American

Academy of Religion (AAR), l'American School of Oriental Research (ASOR) et la Biblical Archaeology Society (BAS) avaient toutes décidé de tenir leur congrès annuel dans le même hôtel de la métropole canadienne. Étrange coïncidence.

Je ne connaissais pas Tabor à cette époque. Je ne devais lui parler pour la première fois que quelques mois plus tard, après que l'ossuaire eut été ramené à Jérusalem, où, après enquête, l'AAI déclara qu'il s'agissait d'un faux. Il me téléphona à mon domicile un dimanche soir.

Après les présentations d'usage, Tabor m'apprit que l'année précédente, avec son ami l'archéologue Shimon Gibson, il avait fouillé un tombeau pillé par des voleurs. Ils y avaient trouvé des résidus humains en très mauvais état, mélangés à ce qui, sous le microscope, s'avéra être des fragments du plus ancien linceul découvert en Israël. Il remontait à l'époque de Jésus et, comme le révélèrent les tests, avait jadis enveloppé un homme mort de la lèpre – le plus ancien cas diagnostiqué dans le monde. Cette découverte prouvait que les contemporains de Jésus pouvaient être affectés par cette maladie. Récemment, des scientifiques avaient avancé l'idée que le terme « lèpre » présent dans les Évangiles désignait en réalité des éruptions cutanées. La découverte de Tabor et de Gibson mit un point final à ces spéculations.

À l'époque, Tabor mettait la dernière main à son ouvrage, *La Dynastie de Jésus*.

— Je vais vous faire une confidence, me dit-il. Je pense que l'ossuaire de Jacques d'Oded Golan provient du tombeau où nous avons trouvé le suaire. Je ne crois pas qu'il le détienne depuis les années 1970 comme il l'affirme. Je pense qu'il est en sa possession depuis un an. Et je crois que l'inscription de l'ossuaire est authentique.

— Pourquoi aurait-il menti sur la date d'achat de l'ossuaire ? lui demandai-je.

— En 1978, Israël a modifié sa législation sur les antiquités. En conséquence, si vous avez trouvé ou acheté un objet avant 1978, il est légalement à vous, mais si c'est après cette date, et s'il s'agit d'une découverte importante, l'objet appartient à l'État.

— Pourquoi pensez-vous que l'ossuaire provient de votre tombeau ?

— Plusieurs ossuaires y ont été volés et il a pu l'acheter à ceux qui ont pillé la sépulture. Il y avait une Marie dans le tombeau, l'une des deux seules inscriptions « Marie » jamais trouvées sur un ossuaire. Si celui de Jacques provient du même site, il se peut qu'il s'agisse du tombeau de famille de Jésus.

Je n'adhérai pas à la thèse de Tabor. La chronologie ne cadrait pas. Golan ne pouvait pas avoir acheté l'ossuaire seulement un an auparavant. Il n'aurait pas eu le temps de le faire examiner par Lemaire. Même si Golan ne l'avait pas acheté avant la modification de la réglementation, je crois qu'il détenait l'ossuaire, peut-être depuis le début des années 1980. Tabor se trompait, l'ossuaire de Jacques ne provenait pas de son tombeau au linceul.

— Et qu'est-ce que je viens faire dans cette histoire ?

— Eh bien, répondit-il aussitôt, nous avons réussi à extraire l'ADN de la plupart des ossuaires découverts dans ce tombeau. Si nous pouvions obtenir quelques fragments de celui de Jacques, nous pourrions essayer d'en extraire l'ADN, puis de le comparer à celui déjà analysé. Ainsi, nous saurions s'il provient de la même sépulture. Golan a confiance en vous. Peut-être vous confiera-t-il ces fragments.

– D'accord, James, je vais essayer. Mais je crois que vous faites fausse route. Je pense qu'il provient d'un autre tombeau, qui abritait un ossuaire gravé au nom de Marie. Le tombeau de Talpiot.

Il y eut un moment de silence.

– Vous voulez dire celui avec le Jésus et les deux Marie ?

J'acquiesçai.

– Mais la seconde Marie n'est pas Marie Madeleine, objecta Tabor.

– Prenons rendez-vous, lui dis-je. Vous me signerez une clause de confidentialité et je vous révélerai ensuite un secret.

*
**

À l'automne 2002, je me trouvais à Tel-Aviv pour filmer ce qui promettait d'être l'un des grands scoops de l'année. À l'automne 2003, le vent médiatique avait tourné. Aux yeux de l'opinion publique, le grand collectionneur Oded Golan s'était métamorphosé en maître faussaire quand les spécialistes de l'AAI avaient annoncé que l'ossuaire de Jacques n'était rien d'autre qu'une contrefaçon.

Pour ma part, je défendais mon documentaire *Jacques, frère de Jésus* envers et contre tous. Il avait été diffusé à Pâques en 2003 par Discovery Channel dans le monde entier. Hershel Shanks s'en est tenu fermement à sa version des faits. Mais nous étions pratiquement seuls. Golan fut arrêté sans ménagement par la police de Tel-Aviv et placé en garde à vue pour être interrogé. Il fut finalement inculpé pour pratiques frauduleuses et contrefaçon. Comment et pourquoi ?

Le « comment » est facile à expliquer. L'ossuaire a été soumis à deux tests au microscope électronique (l'un en Israël, l'autre au Canada). Il a également été examiné par Frank Moore Cross, célèbre épigraphiste de l'université de Harvard. Le musée royal de l'Ontario (ROM) a même examiné l'inscription sous lumière ultraviolette à ondes longues, afin de déterminer s'il se trouvait des éléments étrangers dans les fissures de l'inscription. Il n'y avait rien. Bref, cet ossuaire est l'un des objets archéologiques les plus testés de l'histoire, et il a passé avec succès tous les examens possibles et imaginables.

Mais quand l'exposition au ROM se fut achevée, l'AAI refusa de laisser l'ossuaire de Jacques poursuivre sa route jusqu'à Nashville, où diverses communautés chrétiennes avaient prévu de le présenter. L'AAI insista auprès de Golan pour qu'il rapporte l'ossuaire en Israël. Celui-ci s'exécuta et, dès son arrivée, l'objet lui fut confisqué par l'AAI et soumis à un énième test – cette fois, une analyse isotopique de l'oxygène, qui évalue la température à laquelle l'eau a été absorbée dans les minéraux de surface. L'idée était que toute incompatibilité entre la température d'un tombeau et la présence d'un ossuaire implique la contrefaçon de l'inscription. Cette théorie, bien sûr, n'est valable que dans le cas d'un tombeau *scellé*. On n'a jamais pris en compte l'éventualité de l'infiltration dans un tombeau recouvert d'un mètre d'épaisseur de *terra rossa* gorgée d'eau.

Les agents de l'AAI estimaient que la première partie de l'inscription – « Jacques, fils de Joseph » – était authentique, mais que Golan avait rajouté les mots « frère de Jésus » pour transformer un ossuaire à cinq cents dollars en un objet religieux d'une valeur inestimable. Le problème, c'est que la seule partie de l'inscription qui avait subi le test avec succès était la dernière lettre (le caractère hébraïque *ayin*) du mot *Yeshua*. Si l'on se fiait à ce test, c'était donc la seconde partie de l'inscription qu'il fallait considérer comme authentique, tandis que la première – « Jacques fils de Joseph » – était un faux. C'était absurde, mais personne se sembla s'en inquiéter. Pour le monde entier, les analyses avaient révélé que la patine de l'inscription était incompatible avec la température régnant dans une grotte funéraire. Dans l'esprit du public, non seulement l'inscription était une contrefaçon, mais l'ossuaire lui-même devint suspect.

En pleine tempête médiatique, je me rendis à l'Israel Geological Survey, qui avait conduit le test isotopique, pour rencontrer le Dr Amos Bien, son directeur, un homme d'une soixantaine d'années. Il me confia que les résultats du test isotopique pouvaient être interprétés de deux manières différentes :

– Ou bien l'inscription a été falsifiée, ou bien...

Il s'interrompit au milieu de sa phrase.

– Ou bien quoi ?

– Ou bien elle a été nettoyée.

– Mais tout le monde peut voir qu'elle a été nettoyée. On le constate à vue d'œil. L'année dernière, le Dr Ilani et le Dr Rosenfeld s'inquiétaient déjà des dégâts causés à la patine par ce nettoyage.

— C'est d'accord, reprit Amos Bien.

— Comment ça, « c'est d'accord » ? Le monde entier pense que l'inscription est un faux à cause d'un test conduit sous votre direction et vous me dites que tout ce que l'analyse isotopique prouve, c'est qu'elle a été nettoyée ?

— Je ne présenterais pas les choses de cette manière, mais, oui, c'est grosso modo correct.

Abasourdi, je restai silencieux un moment, puis lui dis :

— L'AAI claironne dans le monde entier que l'inscription est un faux !

— C'est leur problème, adressez-vous à eux.

— Selon l'analyse isotopique, s'il y a bien eu contrefaçon, c'est sur la première partie de l'inscription. La seconde partie, concernant Jésus, a été validée par le test.

— Vous pourriez présenter les choses ainsi, conclut Amos Bien.

À l'heure où j'écris ces lignes, l'instruction contre Oded Golan poursuit son cheminement kafkaïen dans le labyrinthe du système judiciaire israélien. Des mois après le début de l'instruction, le Dr Wolfgang Krumbein, professeur à l'université d'Oldenburg en Allemagne, et l'un des plus grands experts en patine de pierres, a déclaré que l'inscription était authentique et que le test isotopique était un scandale. Mais il était trop tard. Aux yeux de l'opinion, l'ossuaire de Jacques était une contrefaçon très élaborée, réalisée par un faussaire, désireux de soutirer des millions à des chrétiens naïfs.

Comment en est-on arrivé-là ? Je l'ignore. Ce que je sais, c'est que l'AAI avait un compte à régler avec Golan. Au fil des années, j'ai essayé d'en comprendre les raisons. Peut-être était-ce une affaire de susceptibilité. Quand cette histoire a été révélée, personne, à l'AAI, n'en avait entendu parler. Ses responsables apprirent la nouvelle quand le *New York Times* sollicita leur avis alors que l'ossuaire partait pour Toronto. Golan avait honnêtement décrit l'artefact comme un « ossuaire vieux de deux mille ans » en demandant une autorisation de sortie, mais n'avait pas signalé qu'il portait la seule mention archéologique connue de Jésus. Je pense que l'AAI a voulu lui faire payer la situation ridicule dans laquelle elle s'est retrouvée. Je ne pense pas qu'elle ait fomenté un complot pour l'abattre, mais je n'exclus pas totalement cette hypothèse. La police a rendu la vie de Golan infernale. Pendant plus d'un an, tandis que l'instruction se poursuivait, il fut assigné à domicile, sans même pouvoir faire ses courses à l'épicerie du coin.

Mais l'AAI avait une autre raison d'en vouloir à Golan. C'est un collectionneur. Du point de vue de l'AAI, les collectionneurs sont les proxénètes de l'archéologie biblique. En achetant des artefacts, ils créent un marché qui encourage les pilleurs. Dès lors qu'un tombeau a été saccagé et que le contexte archéologique a été perturbé, il n'a plus de valeur historique. Pour l'AAI, le seul moyen de protéger les antiquités est d'éliminer les collectionneurs. L'AAI a voulu faire un exemple avec Golan.

Au fond, peu leur importait que Golan ait falsifié l'ossuaire ou non. Pour l'AAI, un objet apparu sur le marché des antiquités perd toute valeur historique. En ce qui me concerne, je ne crois pas que seuls les objets découverts par les archéologues aient un intérêt. Bien sûr, il est préférable qu'ils soient mis au jour et préservés dans le respect des procédures. Pour autant, considérer tous les artefacts provenant du marché des antiquités comme des faux est dénué de sens. Certaines des plus grandes découvertes archéologiques, à commencer par les manuscrits de la mer Morte, ont été faites par des gens ordinaires qui ont ensuite vendu leur butin sur le marché des antiquités.

Pour ma part, je suis devenu *persona non grata* à l'AAI. Son acrimonie à mon égard culmina quand elle porta plainte contre moi, m'accusant d'avoir pénétré dans un tombeau sans son autorisation et même de l'avoir endommagé. J'étais pourtant en bonne compagnie. Avant que les accusations ne soient rejetées, le Dr Shimon Gibson fut placé en garde à vue dans un commissariat pour interrogatoire. Finalement, les charges contre nous ont été abandonnées[1].

Dans ce climat de suspicion, la quête des ossuaires liés à la famille de Jésus devint une entreprise particulièrement mal vue. Je m'y suis néanmoins consacré pendant la plus grande partie de l'année 2005, et jusqu'à ce jour en 2006.

L'affaire avait en effet rebondi après un coup de fil de James Tabor au printemps 2004, qui me demanda de but en blanc si je savais ce qu'était devenu le tom-

---

1. À l'heure où j'écris ces lignes, je suis de nouveau en bons termes avec l'AAI. J'ai en effet établi des relations amicales avec son directeur, grâce à un ami commun.

beau de Talpiot après sa découverte en 1980. Je supposais que les trois archéologues chargés des fouilles – Yoseph Gat, Amos Kloner et Eliot Braun – avaient laissé le terrain à l'entreprise de bâtiment, après avoir accompli leur travail, et que celle-ci avait détruit le tombeau en édifiant l'immeuble de Talpiot.

– C'est ce que je pensais moi aussi, reprit Tabor. Mais écoute ça. Je me trouvais à Jérusalem en compagnie de mon ami l'archéologue Shimon Gibson. Depuis que nous avons fouillé le tombeau au linceul, il m'interroge sur notre conversation à propos des fragments d'ossements dans l'ossuaire de Jacques, et je lui ai exposé ta théorie selon laquelle ils provenaient de Talpiot, et non du tombeau au linceul. Et devine qui, en 1980, a dessiné la carte du tombeau de Talpiot qui figure sur le rapport interne rédigé par Kloner pour l'AAI en 1996...

– Je suppose que c'est Kloner qui a dessiné la carte.

– Non, c'est Shimon lui-même ! Quelle extraordinaire coïncidence, n'est-ce pas ? Shimon n'avait même pas vingt ans à l'époque, mais c'était déjà un géomètre topographe expérimenté auprès de l'AAI. Kloner lui avait donc demandé de relever le plan du tombeau et d'en faire l'esquisse. Et ce n'est pas tout. J'ai dit à Shimon à quel point il était dommage que le tombeau ait été détruit, et il m'a répondu qu'il n'en était rien !

Le tombeau de famille de Jésus est intact, pensai-je. Je m'efforçai de conserver mon calme pour rester concentré sur la suite du récit de Tabor.

James et Shimon s'étaient rendus à Talpiot. Shimon avait eu du mal à retrouver son chemin – le quartier avait beaucoup changé en vingt-six ans. Finalement, il réussit à reconstituer l'environnement du tombeau en prenant une station-service comme point de repère. Les deux hommes s'étaient alors mis à sonner aux portes pour demander aux gens s'ils avaient un tombeau dans leur cave ! Après plusieurs essais infructueux, un type leur avait dit : « Moi, je n'ai pas de tombeau dans ma maison, mais les Mizrahi à côté en ont un. » Passé le moment de surprise, cette famille sépharade les avait invités à entrer. Dans le patio, il y avait deux *nefesh* qui dépassaient du sol.

Un *nefesh* est un puits funéraire. Les autorités rabbiniques insistent pour en aménager lorsqu'un immeuble est construit au-dessus d'un tombeau. Ces puits ont deux fonctions : d'une part, permettre un accès entre le tombeau et le monde extérieur afin que les âmes des défunts puissent aller et venir à leur guise ; d'autre part, assurer un accès à l'espace créé entre le toit d'un tombeau et le sol de l'appartement au-dessus.

Cet espace est lié à la notion de pureté rituelle, centrale dans le judaïsme. Aujourd'hui, certains confondent l'« impureté rituelle » avec la notion de « saleté ». Les féministes juives, par exemple, sont révoltées par le fait que le judaïsme orthodoxe considère que les femmes sont rituellement impures durant leur cycle menstruel. Elles estiment qu'il s'agit d'un vestige du système patriarcal propre au judaïsme traditionnel. Mais elles font fausse route. Après une éjaculation, les hommes sont également rituellement impurs. Le corps d'un proche est rituellement impur à sa mort. Ce concept n'a rien à voir avec la propreté et la saleté. Il est intrinsèquement lié à la vie, à son absence et au rituel.

Selon le judaïsme, la vie est sacrée. Quand il y a vie ou potentiel de vie, il y a état de sainteté. Quand la vie ou un potentiel de vie disparaît, il y a absence de sainteté. Pensez à un parc de loisirs quand tout le public est rentré chez lui – l'endroit n'est pas seulement un lieu vide, c'est un lieu qui aspire au retour de la vie qui, peu auparavant, l'habitait. C'est ainsi que le judaïsme considère l'impureté rituelle. Étant donné qu'une femme féconde possède un potentiel de vie, la période menstruelle indique que ce potentiel est momentanément absent, jusqu'à ce que le cycle recommence. De même, quand une âme quitte le corps, elle laisse derrière elle une absence qui crée un état d'impureté rituelle. Un tombeau est donc rituellement impur quand il abrite encore des corps.

Dans la pratique, l'impureté rituelle d'un tombeau ne concerne aujourd'hui personne à l'exception des Cohen. Les juifs qui portent le patronyme Cohen ou l'une des nombreuses variantes de ce nom (Katz, Cahen, Kahn, Kaplan, etc.) sont, comme la tradition le stipule, les descendants des prêtres bibliques, de la lignée d'Aaron, frère de Moïse. *Cohen* signifie « prêtre » en hébreu, *Katz* étant une abréviation de *Kohen Tzedek,* « prêtre juste ». Aujourd'hui encore, les Cohen ne sont pas autorisés à entrer en contact avec toute manifestation d'impureté rituelle. Ainsi, selon la loi juive, toute personne portant le nom de Cohen ne peut vivre dans un appartement sous lequel se trouve un tombeau. Le bâtiment dans son ensemble est alors impur. Mais la loi rabbinique a prévu une sorte d'antidote : aménager un « coussin d'air » entre le bâtiment et le tombeau. De cette façon, l'immeuble ne s'élèvera plus *au-dessus* du tombeau.

J'en savais suffisamment pour comprendre ce que me disait Tabor. Les deux puits *nefesh* dépassant du sol du patio ne pouvaient signifier qu'une seule chose : il y avait un tombeau sous le sol de l'appartement des Mizrahi. Le tombeau de famille de Jésus n'avait pas été détruit. L'un des deux puits y conduisait à coup sûr et il serait possible d'y introduire des caméras-robots. S'il s'agissait du bon endroit, nous pourrions casser le sol du patio et pénétrer dans le tombeau de la Sainte Famille.

Toutefois, un grand nombre de questions restaient sans réponse. Comment expliquer la présence de l'ossuaire portant l'inscription « *Yosa* » ? Les Évangiles ne mentionnent Joseph que durant l'enfance de Jésus, si bien que la majorité des spécialistes pensent qu'il est mort à Nazareth. Et que signifiait la seconde inscription « Marie » – « Mariamne alias Mara » ? Qui était le « Matthieu » trouvé dans le tombeau ? S'agissait-il de l'auteur de l'Évangile éponyme ?

Un soir de printemps, je m'isolai dans mon bureau et rassemblai ma documentation : le *Catalogue des ossuaires juifs* de Levi Yizhaq Rahmani, le *Lexique des noms juifs de l'Antiquité tardive : Palestine, 330 av. J.-C.-200* du professeur Tal Ilan, et, bien sûr, le rapport d'Amos Kloner de 1996 sur le tombeau de Talpiot. Je pris un marqueur et un bloc de papier que j'ouvris sur une belle page blanche. En haut, j'écrivis « CE QUE NOUS SAVONS ». Voici ce que je notai en dessous :

1. 1980. Un bulldozer met au jour un tombeau à Talpiot, Jérusalem. L'AAI est prévenue. Les archéologues arrivent : Gat, Kloner, Braun et le jeune Gibson. Ils relèvent le plan du tombeau et expé-

dient les ossuaires dans l'entrepôt de l'AAI, où ils sont répertoriés.

2. La façade du tombeau est étrange. Elle est ornée d'une sorte de symbole maçonnique, un chevron renversé avec un cercle au milieu.

3. Autre caractéristique étrange : on a retrouvé sous les silts trois crânes soigneusement disposés – on aurait dit une sorte de « garde d'honneur » – à l'entrée de trois des niches funéraires.

4. Des inconnus ont pénétré par effraction dans le tombeau à une époque ancienne. Il manquait les artefacts habituels, tels que des lampes à huile, des flacons de parfum ou des jarres en terre cuite.

5. Les artefacts présents dans le tombeau figurent dans le catalogue de Rahmani. Les ossuaires ont toujours été en possession de l'AAI, aussi n'y a-t-il aucun doute sur leur provenance, ni suspicion de contrefaçon. Six ossuaires portent une inscription, quatre en sont dépourvus.

6. Les ossuaires sont identifiés comme suit :

    A. « Jésus, fils de Joseph », au début difficile à lire, mais finalement déchiffrable. Y a-t-il une raison précise à cette difficulté de lecture ? S'il s'agit de l'ossuaire de Jésus, ses disciples ont-ils voulu le protéger de personnes mal intentionnées ? En outre, c'est le plus simple des dix ossuaires, dépourvu de toute ornementation. La modestie de cet ossuaire correspond-elle à ce que nous savons de Jésus ? Témoigne-t-elle d'un enterrement hâtif ? L'une ou l'autre de ces deux hypothèses, ou bien les deux ?

B. « *Yosa* », « *Yose* » ou « Joseph ». S'agit-il du même que celui mentionné sur l'ossuaire de Jésus ? S'agit-il de son père ? Rahmani le pense et l'a noté dans sa description.

C. « *Maria* », ou « Marie ». Inscription étrange. Caractères hébraïques. Version latine du nom hébreu. Le nom de la Vierge Marie nous est toujours proposé sous sa forme latine, exactement comme il apparaît sur l'ossuaire. Rahmani pense qu'il s'agit peut-être de la femme du Joseph inhumé dans le tombeau.

D. « Mariamne alias Mara ». Inscription grecque. Selon des savants renommés comme les professeurs F. Bovon et Karen King de Harvard, c'est le véritable nom de Marie Madeleine. Ils ignorent, semble-t-il, l'existence de cet ossuaire. S'il s'agit bien de Marie Madeleine, que fait-elle dans le « tombeau de famille » de Jésus ? Étaient-ils mariés ?

E. « *Matia* », ou « Matthieu ». S'agit-il de l'auteur de l'Évangile ? Avait-il un lien avec Jésus ?

F. « Judas, fils de Jésus ». L'ossuaire le plus stupéfiant du tombeau. À certains égards, plus stupéfiant que celui de Jésus. Si « Mariamne » était la femme de Jésus, s'agit-il de leur fils ? C'est le plus petit ossuaire du tombeau. « Judas » est-il mort enfant ? Mais les Évangiles ne mentionnent nulle part un fils. Ce « Judas » pourrait-il être l'énigmatique « disciple bien-aimé » mentionné dans l'Évangile de Jean ?

Au bas de la page, j'écrivis en lettres capitales : « PRO-CHAINE ÉTAPE ? »

Habituellement, quand j'enquête sur un sujet, je rédige un projet général. J'évalue également un budget et un plan de travail, puis j'essaye de trouver un producteur prêt à financer le film. Mais dans ce cas précis, c'était problématique. D'abord, il y avait la question des fuites : je pouvais le proposer à une grande chaîne américaine, mais elle n'avait aucune obligation de loyauté à mon égard. Elle pouvait me voler l'idée et présenter le sujet dans un magazine d'actualités, avant même qu'il ait fait l'objet d'une enquête approfondie. Je pouvais m'adresser à Discovery Channel, qui avait financé le documentaire sur l'ossuaire de Jacques, mais, vu la controverse qui avait entouré cette affaire, les respon-sables hésiteraient sans doute. En outre, la chaîne tra-versait à ce moment-là une période de restructuration, et mon projet risquait de se perdre dans la confusion. Il n'y avait pas de solution idéale. Le problème était de trouver un partenaire tout en se garantissant contre les fuites. Je décidai donc de m'approprier davantage le sujet avant de contacter un diffuseur. J'avais besoin de m'assurer une exclusivité, sinon celle des ossuaires conservés dans l'entrepôt de l'AAI, du moins celle du tombeau que Tabor avait découvert sous le patio des Mizrahi.

J'ai passé la plus grande partie de l'année 2005 à tourner en Israël les épisodes de la série documentaire *The Naked Archaeologist*. Cette tâche s'est révélée très utile car elle m'a permis de rencontrer Shimon Gibson, qui, avec James Tabor, venait juste d'annoncer au monde la découverte de ce qu'ils pensaient être la grotte de Jean-Baptiste, utilisée pour des rites de baptême au Ier siècle. Les parois de la grotte sont ornées de dessins byzantins qui semblent illustrer l'histoire de Jean-Baptiste, cousin de Jésus du côté maternel. Alors que Jésus commençait à peine son ministère, Jean-Baptiste fut décapité sur l'ordre d'Hérode Antipas, à la demande de sa femme, Hérodiade. Selon les Évangiles, ce fut Jean qui baptisa Jésus, et non l'inverse. Il est manifeste, selon plusieurs sources anciennes dont les Évangiles, que Jean-Baptiste était de son vivant plus réputé que Jésus. Il est considéré par la tradition chrétienne comme une sorte d'Élie, celui qui vient avant le Messie pour annoncer son arrivée imminente.

Je sollicitai Shimon pour être mon consultant exclusif sur le documentaire que je m'apprêtais à tourner sur le tombeau de Talpiot, et il accepta.

— Cela ne signifie pas que je serai toujours d'accord avec vous, me prévint-il.

— Je n'attends pas ça de vous, répondis-le.

— Pour commencer, laissez-moi vous dire que les noms inscrits sur les ossuaires de Talpiot sont les plus communs du Ier siècle en Israël. D'un point de vue statistique, trouver un Jésus, une Marie et un Judas dans le même tombeau est dénué de la moindre signification. Vous voulez toujours de moi comme consultant ? lança-t-il en souriant.

— Êtes-vous statisticien ?

— Non.

— Alors qu'en savez-vous ?

Il parut un instant désarçonné, puis un large sourire éclaira son visage :

SIMCHA JACOBOVICI ET CHARLES PELLEGRINO

— Voyons, Simcha, la seconde Marie réduit à néant ce bel édifice !

Je poussai vers lui une clause de confidentialité à travers la table.

— Selon certains éminents spécialistes comme François Bovon, de l'université de Harvard, dis-je d'un ton triomphant, le véritable nom de Marie Madeleine était Mariamne, c'est-à-dire, lettre pour lettre, le nom que nous avons trouvé dans le tombeau de Talpiot, sur l'ossuaire placé juste à côté de celui de Jésus.

Gibson eut l'air abasourdi.

— Bovon est-il au courant pour le tombeau ?

— Non, je ne crois pas. C'est la raison de cette clause de confidentialité.

Une scène du même genre se déroula dans un bar de Toronto avec le professeur James Tabor. Tandis que des jeunes tatoués jouaient au billard dans l'arrière-salle, j'ai révélé à Tabor les développements de l'affaire « Mariamne ». Il faillit tomber de son tabouret, mais prit sa revanche en me révélant ses dernières découvertes à propos de l'inscription « *Yosa* ».

— Étant donné la présence des deux ossuaires dans le même tombeau, Rahmani pense que ce « *Yosa* » est le « Joseph » de l'inscription « Jésus, fils de Joseph », ce qui semble logique. Or le *Lexique des noms juifs de l'Antiquité tardive* de Tal Ilan y fait référence : sur tous les noms recensés sur des ossuaires, le « *Yosa* » de Talpiot est le seul jamais découvert ! dit-il en me fixant du regard.

— « *Yosy* » est un diminutif courant de « *Yoseph* », même aujourd'hui, protestai-je.

— C'est exact, mais pas « *Yosa* ». Ce nom est inconnu de nos jours et était très rare aux temps anciens. On n'en a retrouvé qu'une seule et unique occurrence. Et devine où !

— Je n'en ai aucune idée.

— Dans l'Évangile de Marc, murmura-t-il en se penchant en avant. *Yosa*, ou *Joses* en grec, est explicitement mentionné comme l'un des quatre frères de Jésus.

***

En 70, les soldats de Titus quittèrent Jérusalem en laissant derrière eux une province dévastée et d'innombrables cadavres. Titus, qui deviendrait bientôt empereur, crut qu'il avait mis un terme à la rébellion juive pour le restant de ses jours, et peut-être pour toujours. Mais il laissait derrière lui, dans l'obscurité du sous-sol, dix ossuaires alignés, orientés vers le Temple détruit, comme s'ils attendaient leur redécouverte ou leur renaissance, ou les deux. Et sur l'un d'entre eux, les mots suivants semblaient gravés pour l'éternité : « Jésus, fils de Joseph ».

***

– Chapitre 4 –

« L'ÉQUATION JÉSUS »
Charles Pellegrino

J'ai rencontré Simcha Jacobovici pour la première fois en octobre 2004. C'est un humaniste curieux de tout. Le soleil s'était couché sur Toronto et notre conversation avait navigué entre l'ancienne Égypte et les civilisations de Théra et de Crète jusqu'au Livre de l'Exode. Après quelque temps, il décida de me révéler son secret. Quatre ou cinq personnes seulement sur toute la planète connaissaient les pièces du puzzle archéologique qu'il était sur le point d'assembler. Même ceux qui avaient fouillé IAA 80/500-509 n'avaient pas vraiment pris conscience de la portée de leur découverte. Il avait besoin de quelqu'un pour soutenir son projet et, après m'avoir appâté, il me tendit un document intitulé « Clause de confidentialité ».

— Mais qu'avez-vous donc découvert ? lui demandai-je, impatient.

— Laissez-moi d'abord vous poser une question. Pensez-vous qu'il soit possible que Marie Madeleine et Jésus de Nazareth aient été enterrés ensemble, dans le même tombeau ?

— C'est impossible.

— Bonne réponse. Maintenant, voulez-vous que je vous y emmène ?

Le jour où il s'attacha mon concours, Simcha me précisa que la principale différence entre l'ossuaire de Jacques et les autres ossuaires de l'AAI était que la provenance de ces derniers n'était pas controversée. Ils avaient fait l'objet d'un relevé *in situ*, avaient été excavés, photographiés et catalogués par une équipe d'archéologues. Le fait que le tombeau de Talpiot ait été exploré et documenté par des spécialistes qui avaient minutieusement répertorié les ossuaires éliminait toute possibilité que ces artefacts soient des faux. De plus, la discrétion — voire l'embarras — de Kloner, Braun et Gibson à l'égard de leur propre découverte indiquait qu'il ne pouvait s'agir d'une mystification. Loin de vouloir attirer l'attention, ils avaient tout fait pour que les ossuaires soient oubliés sur les étagères poussiéreuses du dépôt de l'AAI.

Entre-temps, Simcha avait reçu des copies des rapports des archéologues et avait commencé à étudier les ossuaires eux-mêmes. Il me révéla que le tombeau n'avait pas été détruit, comme le pensaient les archéologues, et qu'il attendait d'être redécouvert, quelque part sous un *nefesh*.

Mû par l'intuition selon laquelle la seconde Marie du tombeau de Talpiot pouvait être Marie Madeleine, et aidé par son équipe, Simcha avait entrepris de passer en revue la littérature consacrée au nom de Mariamne et à sa variante Mariamnu. En un seul jour, cette piste le conduisit aux travaux de François Bovon, spécialiste suisse du Nouveau Testament et professeur à l'université de Harvard.

Il me tendit un dossier contenant les copies d'un ancien manuscrit, écrit en grec, accompagné de la traduction en anglais par le professeur Bovon. Il s'agissait d'apocryphes du Nouveau Testament : les Actes de Philippe. Dans ce texte, Marie Madeleine était présentée comme un apôtre qui prêchait, baptisait et accomplissait des guérisons miraculeuses. Ce portrait était très différent de celui de la Marie Madeleine « pécheresse » du dogme de l'Église.

— Avez-vous remarqué la version grecque de son nom ? me demanda Simcha. Selon l'apôtre Philippe, qui se présente lui-même comme le frère de Marie Madeleine, celle-ci n'était pas connue sous le nom de Marie de Magdala, mais par son prénom, celui-là même qui est gravé sur une paroi de l'ossuaire IAA 80/500 : Mariamne. Selon vous, quelles sont les probabilités d'une telle correspondance ? Les archéologues affectés au site de Talpiot, en 1980, ignoraient le lien entre Mariamne et Marie Madeleine. Réciproquement, aucun spécialiste des écrits néotestamentaires et gnostiques n'était au courant de l'existence du tombeau de Talpiot ou des neuf ossuaires de l'entrepôt de l'AAI.

L'argument était troublant, mais non pas concluant. La preuve du caractère exceptionnel de la présence conjointe des noms Marie, Joseph, Matthieu, Jésus, Mariamne et Judas à l'intérieur d'un seul et même tombeau ne pouvait être fournie que par une analyse statistique. L'idée était de comparer systématiquement leurs occurrences sur l'ensemble des ossuaires répertoriés.

Simcha évoqua ensuite la possibilité d'une analyse

SIMCHA JACOBOVICI ET CHARLES PELLEGRINO

ADN. À l'Autorité des antiquités israéliennes, l'usage est de rassembler les ossements découverts puis de les inhumer dans des fosses communes. Toutefois, une sorte de boue ou de sédiment minéralisé a constitué une fine couche dure au fond de plusieurs ossuaires du site IAA 80/500-509. De petits éclats d'os ont été piégés dans ce dépôt minéral et les fragments de deux des ossuaires ont été envoyés dans des laboratoires aux États-Unis et au Canada. Simcha avait été informé, plus tôt dans la semaine, que grâce à la patine, ce « cocon » protecteur, l'ADN avait été préservé et était apparemment extractible.

— Et de quels ossuaires s'agit-il ? demandai-je.

— De ceux de Jésus et de Mariamne, répondit Simcha.

L'ADN de Jésus ? En un pareil moment, le réflexe normal était de tenter de mettre un peu d'ordre dans ce chaos.

— Imaginons, dis-je, que mes analyses statistiques suggèrent qu'il s'agit bien du tombeau de famille de Jésus. Mais l'ossuaire de Jésus ressuscité ne devrait-il pas être vide ?

— Pourquoi devrait-il l'être ? Ceux qui croient en la résurrection ne devraient pas être affectés par la découverte de l'ossuaire de Jésus. Dans les écrits gnostiques, Jésus se présente devant les apôtres comme une sorte de fantôme qui apparaît et disparaît à sa guise. Et il continue à se manifester de cette manière pendant presque deux ans après sa mort. En outre, dans les quatre Évangiles canoniques, il est rare que Jésus apparaisse sous sa forme physique. Certes, Thomas l'incrédule touche les cinq blessures de Jésus, mais celui-ci apparaît aux apôtres alors que les portes de la maison sont fermées (Jean 20, 25-31). Les auteurs ont presque

106

l'air de s'excuser, indiquant dès le départ que leur récit paraîtra étrange aux lecteurs. Relisez Luc et Jean, et vous comprendrez ce que je veux dire. Le Nouveau Testament ne nous dit pas que Jésus est monté au ciel dans son intégrité physique. Si l'on croit en une ascension physique, l'idée d'un tombeau de Jésus est dérangeante, mais pas si l'on croit en une ascension spirituelle.

Selon le chapitre 27 de Matthieu, Jésus mourut sur la croix, au moment où le Shabbat était sur le point de commencer. Un disciple riche et influent, Joseph d'Arimathie, alla voir Pilate, le gouverneur romain, et reçut l'autorisation de descendre le corps de la croix et de l'inhumer avant le coucher du soleil, en accord avec la loi juive[1]. Étant donné que le début du Shabbat était imminent et que les enterrements étaient interdits ce jour-là, Joseph d'Arimathie dut agir très vite : « Il prit le corps, l'enveloppa d'un linceul blanc et le déposa dans un sépulcre neuf qu'il s'était fait tailler dans le roc. Puis il roula une grande pierre à l'entrée du sépulcre, et il s'en alla » (Matthieu 27, 57-60).

Dans la *Guerre des Juifs*, source non biblique, l'historien Flavius Josèphe raconte comment les juifs crucifiés par les Romains étaient descendus de la croix par leurs coreligionnaires, afin de leur éviter l'indignité de l'absence d'inhumation.

Selon la coutume, les ossements et le linceul de Jésus devaient être retirés du tombeau environ un an après la crucifixion et l'enterrement. Ensuite, ils devaient être

---

1. Sur l'ensevelissement des suppliciés, voir Deutéronome 21, 22 : « Son cadavre ne passera point la nuit sur le bois ; mais tu l'enterreras le jour même. »

placés dans un ossuaire glissé dans une niche du tombeau de Joseph d'Arimathie, ou bien transférés dans une autre grotte funéraire des collines de Jérusalem. Mais d'après Matthieu, tout ne s'est pas déroulé selon la coutume :

> Marie de Magdala et l'autre Marie étaient là, assises [ce vendredi soir] vis-à-vis du sépulcre. Le lendemain, qui était le jour après la préparation, les principaux sacrificateurs et les pharisiens allèrent ensemble auprès de Pilate, et dirent : « Seigneur, nous nous souvenons que cet imposteur a dit, quand il vivait encore : *Après trois jours je ressusciterai.* Ordonne donc que le sépulcre soit gardé jusqu'au troisième jour, afin que ses disciples ne viennent pas dérober le corps, et dire au peuple : *Il est ressuscité des morts.* Cette dernière imposture serait pire que la première. » Pilate leur dit : « Vous avez une garde ; allez, gardez-le comme vous l'entendrez. » Ils s'en allèrent, et s'assurèrent du sépulcre au moyen de la garde, après avoir scellé la pierre (Matthieu 27, 61-66).

D'après Matthieu, les autorités étaient soucieuses que le corps de Jésus soit « inhumé » selon la tradition par ses disciples, qui s'étaient faits discrets, si l'on peut dire, et n'étaient pas présents lors de la crucifixion. Pourtant, on s'attendait qu'ils réapparaissent et emportent le corps. Il n'est pas surprenant que les autorités aient voulu poster une « garde » pour surveiller le corps d'un homme qu'ils considéraient comme un chef révolutionnaire. En revanche, il est étrange qu'ils aient voulu protéger le tombeau en « scellant la pierre ». Les tombeaux étaient scellés au moment de l'enterrement pour empêcher les animaux de s'emparer du cadavre. Cette erreur, dans le texte, est un indice qui nous montre que l'auteur qui se fait appeler Matthieu n'était pas familier de l'enterrement secondaire. Il a probablement rajouté cette scène pour réfuter la rumeur selon laquelle le corps de Jésus avait été emporté par ses disciples.

Un autre indice dans le texte précise ce qui a pu se passer le lendemain, jour du Shabbat. Manifestement, les « principaux sacrificateurs et les pharisiens » n'avaient pas encore posté de garde et le tombeau était accessible. Ils pensaient donc que les disciples de Jésus ne déplaceraient pas le corps le jour du Shabbat, car cela aurait été considéré comme un sacrilège. Ils supposaient que les disciples attendraient jusqu'au coucher du soleil, qui marque la fin du Shabbat, et « viendraient de nuit ». Il se peut qu'ils se soient trompés. Dans plusieurs passages des Évangiles, les disciples apparaissent plus indulgents vis-à-vis du non-respect du Shabbat que les pharisiens et Jésus lui-même (voir Matthieu 12, 1-21). Il est possible que les disciples soient venus de jour, *durant* le Shabbat. Si c'est le cas, ils avaient tout le temps de déplacer le corps. Ils ont pu attendre dans le tombeau jusqu'à la tombée du jour, puis emporter le corps juste *après* le coucher du soleil, mais *avant* l'arrivée de la garde. Ainsi, il est tout à fait possible que le corps de Jésus ait finalement été inhumé dans un tombeau de famille. Si tel était le cas, à quoi ressemblerait ce tombeau aujourd'hui ?

***

Le 14 décembre 2004
À l'attention du père Mervyn Fernando, institut Subhodi.

Cher Père,
Une question intéressante a surgi dans une discussion, et j'aime-
rais beaucoup avoir votre avis, même s'il ne s'agit que d'une hypo-
thèse. Si des archéologues découvraient les ossements et l'ADN de
Jésus, une telle découverte serait-elle nécessairement en contradiction
avec la croyance chrétienne en la résurrection de Jésus ?
À bientôt,
Votre ami, Charles P.

*

Cher Charles,
Votre question est très intéressante, bien qu'hypothétique. Les
Évangiles qui relatent la vie de Jésus furent probablement composés
entre 75 et 110. Parmi les écrits néotestamentaires les plus anciens
se trouvent certaines des Épîtres de saint Paul. Le « canon »
concernant la résurrection du corps se trouve dans la Première
Épître aux Corinthiens de saint Paul, à la fin du chapitre 15,
verset 35 et suivants. Ce qu'il dit dans ce texte s'appliquerait
aussi à la résurrection du Christ. Pour simplifier, le corps ressuscité
du Christ (comme le comprend l'apôtre Paul) est un corps spirituel,
et non le corps matériel/physique qu'il avait de son vivant. Ce
corps physique aurait donc péri et, si des fragments de ce corps
(des os, par exemple) étaient découverts ou identifiés, cela n'affec-
terait en rien la réalité de la résurrection. Mes meilleurs vœux
pour Noël et une nouvelle année pleine de bénédictions divines.
Mervyn

***

Le jour de l'an 2005, j'avais en main une liste de noms provenant de centaines d'ossuaires découverts dans les collines de Jérusalem, accompagnée des commentaires des épigraphistes. L'expérience de ces derniers leur permettait parfois d'identifier la même écriture sur des ossuaires découverts à des kilomètres les uns des autres. J'étais assis sur mon banc favori à Central Park, des jeunes à rollers passaient devant moi à toute vitesse, tandis que des joueurs d'échecs étaient plongés dans leur réflexion, indifférents aux nombreux spectateurs attroupés autour d'eux. Je pris une table-échiquier inutilisée et posai deux blocs-notes dessus, l'un jaune, l'autre blanc. Sur le jaune, j'écrivis : « Suppositions préliminaires ». Le blanc était réservé aux calculs.

Tout reposait sur une analyse statistique : quelle était la probabilité pour que le tombeau de Talpiot soit bien celui de Jésus de Nazareth, et non celui d'un autre Jésus ? Pour résoudre l'équation de IAA 80/500-509, il fallait dénombrer les occurrences de chacune des inscriptions qui nous intéressaient sur l'ensemble des ossuaires répertoriés à ce jour, puis évaluer la probabilité pour que cette série de noms se retrouve à l'intérieur d'une même sépulture. Plutôt que de se demander s'il s'agissait du tombeau de famille du Christ, il fallait aborder la question à rebours : était-il possible que ce ne soit qu'une coïncidence ?

Je commençai naturellement par l'inscription de l'ossuaire IAA 80/503, « Jésus, fils de Joseph ». Sur plus de deux cents ossuaires étudiés, combien portaient une inscription semblable ?

Selon des chercheurs comme L. Y. Rahmani, Tal Ilan et Rachael Hachlili, les noms Jésus et Joseph étaient

111

communs dans la Jérusalem du 1ᵉʳ siècle. Sur les 233 ossuaires inscrits répertoriés par l'AAI, quatorze pour cent portaient le nom Joseph et neuf pour cent le nom Jésus. On estime que, durant la période où la coutume des ossuaires fut en usage à Jérusalem, la population masculine de la ville était, au maximum, de 80 000 personnes. Donc, parmi elles, 7 200 se seraient appelées Jésus et 11 200 Joseph. En multipliant l'un par l'autre les pourcentages, on obtient 1 008 hommes qui se seraient appelés « Jésus fils de Joseph » au cours de cette époque – soit un sur 79.

Mais combien, parmi ces 1 008 « Jésus fils de Joseph » qui vivaient à l'époque de Jésus de Nazareth, avaient été inhumés en compagnie d'une Marie, d'un Judas ou d'un Matthieu ?

En se fondant sur les inscriptions des ossuaires, près d'une femme sur quatre à Jérusalem portait le nom de Marie ou l'une de ses variantes. Version latinisée transcrite en caractères hébraïques du nom hébreu Myriam dont James Tabor et Shimon Gibson découvriraient bientôt une inscription très similaire dans leur « tombeau au linceul », « *Maria* » se distinguait toutefois du nombre par sa rareté. Une inscription semblable avait été découverte à Pompéi dans les ruines de la « maison de l'Inscription chrétienne ». Ce nom avait pu être adopté par les chrétiens comme une variante de Myriam, le nom sous lequel la mère de Jésus était connue. Il s'est également avéré que Marie de Nazareth, dans les Actes de Philippe et dans d'autres textes apocryphes, était différenciée de Marie Madeleine par le nom *Maria*. Le professeur Tal Ilan a relevé 8 « *Maria* » sur 193 ossuaires – soit une femme sur 24.

Il n'est jamais fait mention d'un « Judas, fils de Jésus » dans les textes apocryphes ni, bien sûr, dans les Évangiles canoniques. Et, bien que Jésus ait eu parmi ses proches un jeune frère bien-aimé et un ami fidèle qui portaient ce nom, je décidai de ne pas attribuer de valeur statistique à cet ossuaire. La rareté de cette inscription aurait diminué les probabilités et donc trop favorisé notre thèse. Il était plus prudent de neutraliser cet effet.

Ensuite, ce fut le tour de l'inscription « Mariamne », en grec, de l'ossuaire numéro 80/500. La transcription exacte était « *Mariamn-u* », avec une sorte d'arabesque décorative à la fin. Le « *n-u* » était, selon Bovon, une nuance affective du nom plus répandu « Mariamne », lui-même variante affectueuse de « Myriam », ou « Marie ».

La seconde partie de l'inscription, « *Mara* », signifiait « seigneur » ou « maître », avec un petit trait entre « Mariamne » et « *Mara* », qui, en grec, de manière étrange, pouvait donner à l'ensemble le sens de « *de* Mariamne, alias le Seigneur/Maître ». James Tabor avait indiqué que la même structure grammaticale, retrouvée sur des ossuaires d'autres sites, révélait que le mot introductif « de » désignait l'ossuaire lui-même. L'inscription pouvait donc être lue ainsi : « [Ceci est l'ossuaire] de Mariamne, alias le Maître. » On ne lui connaissait aucun équivalent.

Dans les Actes de Philippe, « Mariamne » est présentée comme la sœur de Philippe, mais aussi comme un apôtre ou « maître ». Elle est également assimilée explicitement à la femme que les Évangiles appellent Marie Madeleine.

Quant à l'attribution d'une valeur, ce nom n'apparaissant qu'une fois sur les 193 ossuaires inscrits, on pouvait affirmer sans risque d'erreur que seule une femme sur 193 avait pu s'appeler « Mariamne, alias le Maître ».

À ce stade, j'ai multiplié 1 sur 79 par 1 sur 24 par 1 sur 193, et obtenu 1 sur 365 928. Ce qui signifie que la probabilité pour qu'un « Jésus, fils de Joseph » se retrouve dans un tombeau en compagnie d'une « *Maria* » et d'une « Mariamne, alias le Maître » se limitait à 1 sur 365 928 – c'est-à-dire l'équivalent de quatre villes de la taille de Jérusalem. Même si « Jésus », « Joseph » et « Marie » étaient des noms communs dans la Jérusalem du Ier siècle, la *combinaison* de ces noms apparaissait comme très inhabituelle. L'hypothèse de Simcha sur la découverte du tombeau de famille de Jésus se renforçait jusqu'à devenir une théorie solide. En outre, je m'étais fondé sur quatre ossuaires seulement ; il y en avait encore deux autres à prendre en compte.

L'ossuaire suivant portait l'inscription « *Yos'e* ». L'Évangile de Marc mentionne que Jésus avait des frères et sœurs, et les nomme : « N'est-ce pas le charpentier, le fils de Marie, le frère de Jacques, de Joses, de Jude et de Simon ? Et ses sœurs ne sont-elles pas ici parmi nous ? » (Marc 6, 3). Matthieu mentionne également des frères et sœurs : « Parmi elles étaient Marie de Magdala, Marie, mère de Jacques et de Joseph » (Matthieu 26, 57).

Dans l'Évangile de Marc, Joseph, le frère de Jésus, est présenté sous son surnom de « Joses », qui rappelle le « *Yos'e* » qui figure sur l'ossuaire numéro 80/504. Amos Kloner avait avancé l'hypothèse que cette inscription, si elle était peu commune, était une contraction de Joseph, le deuxième nom le plus répandu durant la période du Second Temple. Reste qu'on n'a jamais retrouvé un tel diminutif sur aucun ossuaire ; il n'apparaît que dans le Nouveau Testament. En attribuant à l'inscription une valeur de 1 sur 519 (les ossuaires masculins recensés par le professeur Tal Ilan), et en multipliant 1 sur 519 par 1 sur 365 928, nous obtenons une chance sur 190 millions qu'un « Jésus, fils de Joseph » partage son tombeau avec une « Myriam, alias le Maître », une « *Maria* » et un « *Yos'e* ». Mais tout cela était presque trop facile. J'ai donc décidé d'aller dans le sens de Kloner et de considérer l'inscription « *Yos'e* » comme un simple diminutif de Joseph – un homme sur sept à Jérusalem, à l'époque des ossuaires. En multipliant 1 sur 7 par 1 sur 365 928, nous obtenons une chance sur plus de 2,5 millions.

– Échec et mat ! dit le vieil homme assis à côté de moi.

Et puis il y avait Matthieu. Certains noms, comme Jonas ou Daniel, nous auraient conduits à remettre en question tout l'assemblage parce qu'ils ne figurent ni dans l'arbre généalogique de Joseph ni dans celui de Marie. En supposant que la généalogie présentée dans Luc 3 soit bien celle de Marie, la mère de Jésus, comme nombre de spécialistes le pensent, « Matthieu » était un nom courant dans sa famille. C'était, comme l'avait indiqué James Tabor, un nom sacerdotal, et Marie, par sa parenté avec Élisabeth, mère de Jean-Baptiste, était liée à un milieu sacerdotal. En outre, le grand-père de Marie s'appelait Matthieu. Il est donc tout à fait concevable que, par exemple, un cousin de Jésus nommé Matthieu, d'après le nom du grand-père, ait été enterré dans le tombeau de famille. Par ailleurs, les Actes des Apôtres (1, 23-26), relatant un incident intéressant dans lequel les disciples de Jésus votent pour choisir celui qui remplacera Judas Iscariote. Et c'est un Matthieu qui est élu. S'il s'agissait d'un membre de la famille, cela expliquerait cette soudaine élévation au statut de disciple. Cependant, l'inscription « Matthieu » sur l'ossuaire du tombeau de Talpiot ne correspondait pas explicitement à un membre connu de la famille. Du point de vue statistique, cela n'invalidait ni ne validait quoi que ce soit. Je décidai de ne pas en tenir compte.

Je m'intéressai ensuite aux symboles qui accompagnaient les inscriptions des neuf ossuaires authentifiés et catalogués. Sur 80/503, une sorte de grande croix gravée dans le calcaire précède les mots « Jésus, fils de Joseph ». Elle est plus haute que le nom, et inclinée vers le côté droit de l'inscription (c'est-à-dire au début d'une inscription hébraïque se lisant de droite à gauche). L'angle formé m'évoqua un tableau médiéval représentant Jésus portant la croix. La profondeur et la largeur de la croix sont identiques aux traits de chaque lettre de l'inscription. Cela suggère que la croix et les mots ont été gravés par la même main et au même moment.

Dans son rapport de 1996, Amos Kloner avait minimisé l'importance de ce symbole en assurant qu'il s'agissait d'une marque faite par un tailleur de pierre ou par la personne qui avait rassemblé les os dans l'ossuaire. Selon lui, de telles marques étaient destinées à aider les maçons et les proches des défunts à placer les bons couvercles sur les ossuaires correspondants, et dans la bonne orientation. Un V ou un X à gauche de la boîte correspondant à une petite incision identique du même côté sur le couvercle aurait en effet été compatible avec les nombreux exemples de marques de maçon connues sur d'autres ossuaires. Toutefois, celles-ci n'étaient généralement pas liées au nom du défunt, elles n'étaient pas plus grandes que le nom lui-même et l'on retrouvait toujours une marque correspondante sur le couvercle. Dans le cas présent, au lieu d'une croix, le couvercle portait un chevron, ainsi qu'une étoile à six branches profondément incisée (l'une des branches de l'étoile formait un V à peine visible). Quelle que soit la signification de cette croix, de cette étoile et de ce V, on n'en connaît aucun précédent dans l'univers des marques de maçon.

L'ossuaire de « Matthieu » porte également des marques. Sur une paroi interne, quelqu'un a gravé – semble-t-il dans la précipitation – des lettres de l'alphabet hébraïque en minuscule : un *mem* (M), un *tav* (T) et un *hé* (H). Il pourrait s'agir de la transcription de « *Matya* » – Matthieu. Peut-être une marque de maçon avant d'ajouter l'inscription plus formelle sur la paroi extérieure.

L'ossuaire « Mariamne » est quant à lui orné de deux V côte à côte (sans marques de maçon correspondantes sur le couvercle).

L'ossuaire 80/506 est illisible. Seul un symbole isolé est clairement compréhensible : une grande croix domine tout un côté. Il est bien plus grand que n'importe quelle marque de maçon, ce qui n'avait pas empêché Kloner de décrire ainsi l'ossuaire 80/506 : « La paroi arrière porte une autre grande marque de maçon. »

Amos Kloner a toujours considéré les deux marques en forme de croix, les chevrons, ou encore la lettre hébraïque *tav* comme des autographes d'ouvriers. La thèse de la croix, en particulier, est demeurée un sujet de dispute ; il l'a combattue sans relâche en avançant toujours le même argument, tiré du dogme inébranlable de l'Église, à savoir que le symbole de la croix ne sera en usage qu'à partir de Constantin, vers 325. Avant cette date, le symbole des chrétiens était le poisson. La découverte d'un poisson ou d'une croix au cours de fouilles est ainsi devenue un système de datation des sites chrétiens pour les archéologues.

Face à ces certitudes répétées pendant des décennies, on s'attendrait que la « ligne de partage » de l'an 325 soit fondée sur un nombre conséquent de données archéologiques irréfutables. Or il n'en est rien. Une enquête rapide sur l'origine de cette chronologie démontre qu'elle a été établie au début du XIXe siècle, ou peu avant, et qu'elle ne repose sur aucune preuve solide. Elle aboutit en conséquence à une tautologie absurde : si l'on trouve une croix sur un artefact, cela signifie que l'inscription est postérieure à l'an 325 ; si l'on prouve que l'artefact (comme dans le cas de l'ossuaire de Jésus) date d'environ 70, alors la marque n'est pas une croix...

On considère en fait que les premiers chrétiens n'auraient jamais adopté un instrument de torture comme symbole religieux. Comme le dit un jour le père Jerome Murphy-O'Connor, professeur à l'École biblique de Jérusalem : « Pour les premiers chrétiens, se promener avec une croix autour du cou, c'est un peu comme si des gens, aujourd'hui, portaient une chaise électrique en guise de pendentif. »

Des fouilles archéologiques ont en réalité révélé qu'une multitude de sectes utilisaient déjà le symbole de la croix à l'époque de l'éruption du Vésuve, quelque quarante années après la crucifixion de Jésus. Vers l'an 80, en Égypte, les gnostiques rendaient un culte à Isis et Osiris, à Seth et à Jésus, et ornaient les chapitres de leurs Évangiles évoquant la crucifixion et la résurrection de Jésus avec une croix – synthèse du crucifix et de l'ankh, le symbole égyptien de la vie. Ainsi, à l'ouest de Jérusalem, sur les bords du Nil, plus de deux siècles avant Constantin, une secte chrétienne avait adopté la croix comme symbole.

À Herculanum, la ville voisine de Pompéi, les cendres du Vésuve ont enveloppé une demeure jusqu'au premier étage, préservant ainsi pendant deux millénaires la moindre planche de bois. À l'étage de la « maison du Bicentenaire », une petite pièce, une sorte de chapelle, est peinte en blanc – la seule de la demeure qui ne soit pas ornée de magnifiques fresques. Dans un coin se trouve un autel en bois parfaitement préservé. Il ressemble aux laraires païens ornementés découverts dans les maisons voisines, à ceci près que cet autel, comme la pièce elle-même, est petit et dépouillé, et comporte un prie-Dieu. Au-dessus, au niveau des yeux pour la personne agenouillée, se trouve une simple coupe, remplie d'encens. Et un peu au-dessus de cette coupe, on peut voir les contours d'une croix gravée dans le crépi.

Si, vers 80, il y a pu y avoir des croix dans deux lieux séparés par la Méditerranée – en Égypte et en Italie –, qu'y aurait-il de si étonnant à en trouver une en Israël dans le Tombeau aux dix ossuaires ? Toutefois, je décidai de n'intégrer *aucune* de ces marques dans « l'équation Jésus ». Elles étaient en effet insuffisamment répertoriées dans les collections publiques ou privées.

Camille Fuchs, professeur de statistiques à l'université de Tel-Aviv, souligna qu'il fallait garder à l'esprit que seule une élite avait les moyens d'être inhumée dans une grotte funéraire, et que les ossuaires inscrits étaient réservés aux personnes cultivées, qui ne représentaient qu'une fraction de la population de Jérusalem à l'époque. Si je n'avais pris en compte que la fraction aisée de la population de Jérusalem dans mes calculs, les chiffres auraient penché beaucoup trop en notre faveur. Je décidai donc d'éliminer les variables « richesse » et « culture ».

À ce stade de mes analyses statistiques, il y avait donc une chance sur 2,5 millions que le tombeau de Talpiot ne soit pas le tombeau de Jésus de Nazareth.

En 130, l'empereur Hadrien pleurait la mort de son jeune favori Antinoüs quand il remarqua soudain qu'une étoile brillait d'un éclat plus grand que les autres. Il nomma ce soleil mourant Antinoüs, croyant qu'il abritait l'âme du jeune homme. Ce nom ne survivrait que de peu au rêve d'Hadrien : construire un éternel temple de Jupiter sur les ruines du mont du Temple à Jérusalem. Le rêve d'Hadrien, comme c'était prévisible, déclencha une seconde révolte juive, en un temps où les Juifs, quelque soixante ans après la première révolte et l'incendie de Jérusalem, estimaient qu'ils pouvaient de nouveau sans danger revenir dans la ville pour la reconstruire.

En 180 de notre ère, la reconstruction de Jérusalem était achevée et la nébuleuse du Crabe brillait d'un rouge écarlate quand l'évêque de Lyon, Irénée, Père de l'Église, écrivit dans Contre les hérésies une violente diatribe contre l'Évangile de Judas, Le Dialogue du Sauveur et l'Évangile de Marie Madeleine. De nombreux changements étaient intervenus parmi les disciples de Jésus : au départ simple mouvement juif réformiste n'ayant jamais eu l'intention de créer une nouvelle religion, le christianisme primitif s'était scindé, à l'époque d'Irénée, en plusieurs sectes — notamment les judéo-chrétiens, les gnostiques, les Gentils gréco-romains — qui se déchiraient comme le feront beaucoup plus tard les catholiques et les protestants.

***

– Chapitre 5 –

AU-DELÀ DU LIVRE DES NOMBRES
Charles Pellegrino

Les membres de l'équipe de Simcha avaient donné à l'expédition le nom approprié mais trompeur de « projet Égypte ». Leurs bureaux étaient recouverts de traductions anglaises de textes gnostiques en copte, pour la plupart retrouvés à Nag Hammadi.

Jusqu'ici, le secret avait été bien gardé. Mais pour financer les recherches, les analyses en laboratoire et la réalisation du documentaire, il fallait faire signer une clause de confidentialité à tous les collaborateurs nécessaires à l'entreprise. Chaque nouvelle personne dans la confidence ajoutait un élément d'incertitude, et il suffisait qu'un seul ne tienne pas sa langue pour que la situation devienne incontrôlable, avant même que l'on ait pu procéder aux tests scientifiques. Autour du petit cercle initial gravitait un nombre croissant de gens qui devaient nécessairement être mis au courant au moins d'une partie du projet. Tôt ou tard, le voile du secret s'entrouvrirait. Parmi les rares personnes en qui j'avais totalement confiance figurait James Cameron.

Peu de gens savent que le système d'atterrissage de la sonde spatiale envoyée sur Mars a été dessiné par James Cameron, le créateur de *Terminator*, ou que le réalisateur a participé à la conception de cette sonde. Et peu connaissent l'étendue de sa culture scientifique. À la fois artiste, scientifique et explorateur, il incarne un peu à notre époque ce que Léonard de Vinci représentait pour la Renaissance. Seul le médium a changé. Après le succès planétaire de son film *Titanic* en 1997, James Cameron a acquis l'indépendance nécessaire pour vivre ses passions à travers le tournage de films documentaires sur l'aventure scientifique.

Nous n'avons cependant pas contacté tout de suite James Cameron. Tout au long du mois de février 2005, des rumeurs et des spéculations commencèrent à circuler dans les milieux journalistiques sur le « projet Égypte ». D'importants producteurs de télévision avaient appris que Simcha était sur un gros coup et se disaient prêts à couvrir toutes les dépenses nécessaires au projet s'il acceptait d'accorder l'exclusivité à la chaîne ABC.

Le projet risquait sous peu de devenir un secret de Polichinelle. Simcha craignait que quelqu'un ne vendît la mèche. Dès lors, on ne maîtriserait plus rien : les nouvelles les plus erronées seraient diffusées dans le monde entier, entraînant des dommages irréparables sur le site IAA 80/500-509 avant qu'il ne soit complètement étudié et protégé.

Alors que l'inquiétude concernant des fuites éventuelles ne faisait que croître, l'un des principaux financiers du projet atermoyait et semblait même sur le point de renoncer complètement, après avoir signé la clause de confidentialité, lu les rapports et étudié « l'équation Jésus ». C'est dans ce contexte que Simcha me demanda de lui présenter James Cameron.

***

Le 8 mars 2005

Cher James,
Ci-joint mon rapport préliminaire... Désolé de n'avoir pu te dire quoi que ce soit à propos de notre affaire quand nous nous sommes rencontrés en janvier, mais tu comprendras pourquoi quand tu auras lu les détails... Cela fait un certain temps que je travaille sur ce projet, d'abord comme avocat du diable pour tenter de réfuter l'aberration statistique d'un ensemble d'ossuaires et d'objets. Comme tu le verras, la probabilité de l'existence de cette série de noms est de 1 sur environ 2 millions. Le codex du mont Athos (Les Actes de Philippe), que je t'enverrai séparément, après la clause de confidentialité, confirme les données livrées par le tombeau, ce qui augmente la fiabilité de notre thèse dans des proportions invraisemblables. Tous les ossuaires ont été découverts in situ, *dans leur contexte archéologique originel, et ont été extraits et étudiés par des archéologues. Il s'agit donc de recherches archéologiques sérieuses sur un site funéraire bien réel.*
À bientôt,

Charles P.

***

***

Le 8 mars 2005

Simcha,

Il s'agit du plus extraordinaire récit archéologique, s'il est possible de le vérifier. Les implications en seront profondes dans le monde entier. Je serais ravi de collaborer avec vous sur ce projet. Pour le moment, il m'est difficile de m'engager ; j'ai besoin d'en savoir davantage, mais je peux vous promettre le secret absolu... Vous pouvez donc m'envoyer votre clause de confidentialité afin que nous puissions nous rencontrer, vous, Charles et moi-même, et discuter plus en profondeur de tout cela.

Merci,

James

***

Le 21 mars 2005, James Cameron, Simcha et moi-même nous sommes réunis dans l'immense propriété de James à Malibu, pour commencer à discuter du projet.

– La chose qui me chiffonne dans cette histoire, dit James, c'est la manière dont les archéologues ont délibérément et constamment refusé de voir les choses en face. Il est vrai qu'il leur manquait une donnée essentielle : le nom « Mariamne » écrit en grec... Mais comment ont-ils pu passer à côté de cet incroyable ensemble de noms ?

James était visiblement abasourdi. Les archéologues qui, les premiers, avaient pénétré dans cet extraordinaire tombeau demeuraient une énigme pour lui. Ils avaient fait preuve d'un manque stupéfiant de curiosité – sinon de courage – scientifique.

– Il faut comprendre le point de vue des archéologues israéliens. Pour eux, les noms sur les ossuaires sont des noms juifs typiques du Ier siècle, répondit Simcha. Ils n'allaient pas risquer de provoquer une controverse sur un sujet aussi sensible, du point de vue politique et religieux, sur cette seule base. Toutefois, ils s'y seraient intéressés s'ils avaient eu connaissance du lien entre « Mariamne » et « Marie Madeleine ».

– Je comprends que Mariamne est une pièce clé du puzzle, concéda James. Mais pourquoi personne n'a-t-il pensé à mener l'analyse statistique de Charles ?

– Ils ne sont pas statisticiens, hasarda Simcha.

– Même en mettant de côté l'élément « Marie Madeleine », il n'y a toujours qu'un très petit nombre de familles à qui ce tombeau aurait pu appartenir, poursuivit James. Peut-être une poignée. À supposer qu'il n'y ait qu'une chance sur cinq qu'il s'agisse de la famille de Jésus, comment a-t-on pu laisser les bulldozers raser ce tombeau ? Et pourquoi les archéologues ont-ils abandonné les ossuaires dans un entrepôt de l'AAI, sous une chape de silence ?

— Il y a une autre bizarrerie, ajoutai-je. Ne trouvez-vous pas surprenant que le rapport de Kloner de 1996 soit resté confidentiel ? Un tombeau de cette taille, avec une ornementation inhabituelle au-dessus de l'entrée, aurait dû faire l'objet d'articles importants dans les revues archéologiques les plus prestigieuses.

— Le professeur Bovon n'en a jamais eu connaissance, compléta Simcha. Quand je l'ai rencontré, il rédigeait un ouvrage sur Marie Madeleine dans lequel il mentionnait, presque en passant, que son nom réel était Mariamne. Il en donnait toutes les variantes et répertoriait tous les documents sur lesquels il était mentionné. La seule chose que Bovon ait omise, et pour cause, c'est l'ossuaire de Mariamne. D'ailleurs, il ignore encore son existence.

— Mais que penser de l'ossuaire « Judas, fils de Jésus » ? demanda James.

— Après avoir tué le père, les assassins s'en sont pris aux enfants, répondit Simcha. Les Romains savaient à qui ils avaient affaire. Ils surnommaient Jésus le « roi des Juifs » par dérision, mais ils le considéraient comme dangereux. Un fils éventuel de Jésus aurait représenté une cible. Il a dû être caché. C'est la raison pour laquelle on n'a pas entendu parler de lui.

— Personnellement, je pense qu'il s'agit du « disciple bien-aimé », dis-je. À moins que ce ne soit Judas, le frère de Jésus mentionné dans Marc. Ou alors il s'agit d'une seule et même personne – le « disciple bien-aimé », le « frère », le « fils ». Songez aux massacres qui jalonnent toute l'histoire de Rome. Tout le monde savait que les enfants d'un rival politique étaient menacés, mais il arrivait parfois que les frères et sœurs soient épargnés. Ainsi, quand Caligula fut assassiné, les soldats tuèrent également son plus jeune fils, mais ses sœurs furent épargnées. En outre, son oncle Claude survécut et devint empereur. Les proches de Jésus savaient donc que les Romains n'hésiteraient pas à tuer son fils, tandis qu'un jeune frère aurait une chance d'être épargné.

– Si je comprends bien, tu penses que ce jeune frère de Jésus pourrait en réalité être son fils, répéta James, et que les apôtres l'ont fait passer pour l'enfant d'un autre afin d'assurer sa survie.

– Ce n'est pas impossible, acquiesçai-je. Rappelez-vous, dans la Bible, Abraham convainquit sa femme de détourner la colère du pharaon en se faisant passer pour sa sœur. En outre, selon Eusèbe, environ cinquante ans après la crucifixion, l'empereur Domitien fit comparaître deux petits-fils de Judas devant lui parce que les Romains se sentaient toujours menacés par les descendants de Jésus.

– C'est une hypothèse audacieuse, mais elle est plausible. L'existence de cet enfant, dont les restes ont été placés dans l'ossuaire 80/501, aurait été dissimulée – probablement même à la plupart des apôtres – du vivant de Jésus et sans doute sur son ordre...

C'est le moment que Simcha choisit pour nous révéler ses dernières découvertes :

– Il y avait dix ossuaires dans le tombeau, tous catalogués. Six portaient des inscriptions ; quatre en étaient dépourvus. Mais Tabor et Gibson ont vérifié les documents et il n'y a plus que neuf ossuaires dans l'entrepôt de l'AAI. L'un des dix est manquant, le numéro 80/509. Il était tout simple et c'est le seul à n'avoir pas été photographié, mais nous connaissons ses dimensions.

— Que s'est-il donc passé ? s'enquit James.

— Je suppose qu'il a disparu quelque part entre Talpiot et le siège de l'AAI au musée Rockefeller, répondit Simcha. L'explication la plus probable, c'est que quelqu'un l'a dérobé. Et le lendemain, Gat et les autres ont dû se demander comment ils allaient expliquer l'absence d'un ossuaire. Ils ont alors indiqué dans leur rapport qu'il avait été cassé ou endommagé, en spécifiant ses dimensions – 60 x 26 x 30 centimètres – , sans photos et avec la mention « anonyme », c'est-à-dire sans inscriptions visibles. Mais selon moi, il s'agit de l'ossuaire de Jacques.

— Je croyais qu'il s'agissait d'un faux.

— Tout le monde en est persuadé, parce que les médias n'ont cessé de le marteler. Je pense au contraire qu'il est authentique. D'ailleurs, personne ne met en doute l'authenticité de l'ossuaire lui-même ni de la première partie de l'inscription « Jacques, fils de Joseph ». Seule la seconde partie – « frère de Jésus » – fait l'objet de controverses. Imaginons que l'on puisse démontrer que l'ossuaire manquant est celui de Jacques...

— Les probabilités exploseraient, complétai-je. Il n'y aurait alors plus aucun doute : il s'agirait bien du tombeau de famille de Jésus.

Cher Charles,

Le projet de film documentaire est en bonne voie. Quelques jours après que James nous a rejoints, nous avons signé un accord avec Discovery Channel aux États-Unis, Channel 4 en Grande-Bretagne et Vision TV au Canada. La recherche du tombeau peut réellement commencer.

Bien à toi,

Simcha

Dans le sous-sol de Jérusalem, le Tombeau aux dix ossuaires continuait de baigner dans une vapeur minérale. En l'an 312, lorsque l'empereur Constantin se convertit au christianisme, les ossements étaient d'ores et déjà recouverts d'une patine composée de calcium, de silice et de traces de métaux libérées par la roche de fond et les parois. Parfois, comme dans le cas de l'ossuaire qui serait un jour numéroté IAA 80/506, une inscription ou un ornement souffrirait de cette évaporation minérale, devenant indé-chiffrable, à l'exception, dans le cas de 80/506, d'une grande marque en forme de croix sur un côté. En d'autres endroits, une patine s'est accumulée lentement, couche après couche. La patine minérale, en s'incrustant sur la surface des dents et des arcades sourcilières, a formé une carapace hermétique, protégeant encore plus ces vestiges du monde extérieur. L'une des caractéristiques de cette patine est qu'en s'épaississant suffisamment, tout comme l'ambre, elle est susceptible de préserver des traces de moelle osseuse et de sang séché contenant de l'ADN, le logiciel unique de chaque être humain.

***

– Chapitre 6 –

UNE MARIE NOMMÉE MARIAMNE

Les cimes du mont Athos dominent la mer Égée comme les tours de garde d'une cité perdue, au nord-est de la Grèce. À l'automne, des processions de moines et de pèlerins gravissent les murs de pierre, dont les sommets sont souvent enveloppés de nuages bas. À flanc de montagne, des jardins en terrasse nimbés de brume regorgent de toutes sortes d'arbres fruitiers. Chaque fois que les vents dispersent les nuages, les plus hauts des vingt monastères offrent une vue éblouissante sur les îles de la mer Égée qui s'égrènent vers le sud en longues chaînes, jusqu'aux vestiges de l'ancienne Théra, détruite par une éruption volcanique 1 500 ans av. J.-C.

Les Actes de Philippe sont un texte néotestamentaire apocryphe écarté du canon officiel. Au IIᵉ siècle, « apocryphe » signifiait soit « secret », soit « rejeté ». Après avoir été souvent cités par les premiers auteurs chrétiens, les Actes de Philippe furent ensuite perdus, à l'exception de quelques fragments. En 1976, les historiens François Bovon et Bertrand Bouvier furent autorisés à examiner les documents abrités dans la bibliothèque du monastère de Xenophontos, sur le mont

Athos, en vue de leur traduction. Là, miraculeusement préservée, ils découvrirent une transcription du XIVe siècle des Actes de Philippe, copiée à partir de textes sans doute antérieurs d'un millier d'années.

En juin 2000, Bovon et Bouvier publièrent la première traduction complète en français de la version du mont Athos des Actes de Philippe, dans lesquels Marie Madeleine était présentée comme Mariamne, la sœur de l'apôtre Philippe. Ce texte détaille beaucoup plus que les Évangiles le rôle joué par Marie Madeleine.

En 2006, Simcha a rencontré le professeur Bovon à la Harvard School of Divinity, où celui-ci est enseignant.

– Dans les Actes de Philippe, expliqua le professeur Bovon, il y a deux parties. Dans la première, Philippe se voit confier une mission par Jésus ressuscité, mais il est faible, en colère et inquiet à l'idée de partir seul. Dans la seconde partie, sa sœur Mariamne est avec lui, ainsi que l'apôtre Barthélemy. Voici le verset 94 des Actes de Philippe, le début du chapitre 8 :

> Et il advint que lorsque le Sauveur répartit les tâches entre les apôtres, il revint à Philippe de se rendre dans le pays des Grecs.
> En entendant ces mots, Philippe fondit en larmes.
> Et il considéra que cette mission dangereuse était au-dessus de ses forces. Sur quoi Jésus s'adressa à la sœur de Philippe, et lui demanda de soutenir et de guider son frère : « Je sais, ô toi, choisie entre toutes les femmes, je sais que ton frère est inquiet ; mais va avec lui et encourage-le, car je sais que c'est un homme colérique et impé-

tueux, et si nous le laissons partir seul, les hommes subiront de nombreux châtiments divins. Et voilà que j'enverrai Barthélemy et Jean souffrir dans la même ville, à cause de la grande méchanceté qui règne dans ces lieux. Et toi, change ton apparence de femme, et pars avec Philippe. » Et à Philippe, Jésus dit : « Pourquoi as-tu peur ? Puisque je suis toujours avec toi. »

— Dans les premiers chapitres de ce texte, poursuivit Bovon, les scribes font dire au Seigneur, à propos de Marie Madeleine : « Tu es une femme, mais tu as la force [intérieure, spirituelle] d'un homme, et tu dois réconforter et conseiller ton frère. » C'est un personnage fort, identique à l'image que donne de Marie Madeleine un autre texte ancien, l'Évangile de Thomas. Selon ces auteurs, Jésus souhaitait octroyer des responsabilités aux femmes. C'était quelque chose de révolutionnaire à cette époque, l'idée qu'une femme puisse assumer des fonctions sacerdotales et spirituelles, à l'égal de l'homme. De fait, la sœur de l'apôtre Philippe, quand nous la rencontrons pour la première fois, est d'ores et déjà très forte et très proche du Seigneur, tandis que Philippe est à l'opposé, faible et ne bénéficiant plus de la confiance de Jésus.

— Une précision, demanda Simcha. Le texte indique-t-il explicitement que Mariamne est la sœur de Philippe ?

— Oui, répondit Bovon. Il est manifeste qu'elle n'est pas seulement sa sœur sur un plan spirituel ; elle est clairement sa sœur par le sang. Et le texte indique tout aussi clairement que cette Marie ne doit pas être confondue avec la mère de Jésus, parce que la Vierge

Marie est mentionnée séparément dans ce même texte, dans un contexte différent de celui de Mariamne, qui voyage en compagnie de Philippe. Ce qui est tout aussi explicite, tout au long des Actes de Philippe, c'est que la sœur de Philippe porte même le titre d' « apôtre », c'est-à-dire d'envoyé. Chaque fois que le texte décrit ces trois *apôtres*, qui vont de ville en ville, il mentionne leurs noms selon la même séquence : Philippe, Mariamne et Barthélemy. Cette Marie Madeleine, poursuivit Bovon, cette Marie des Actes de Philippe, est l'égale des autres apôtres ; elle prêche, baptise et accomplit des miracles tout comme eux. Elle semble même plus éclairée que Philippe. Un autre élément intéressant, c'est que cette Marie apparaît soudain comme un personnage majeur du mouvement chrétien, sans qu'il soit fait la moindre mention de sa vie antérieure, en dehors du fait qu'elle est la sœur de Philippe.

Dans les Actes de Philippe (8, 95), quand Jésus ressuscité apparaît devant Mariamne, il évoque les pouvoirs miraculeux donnés aux apôtres et s'inquiète de l'attitude de Philippe face à la résistance des païens. Incapable encore de suivre le message de Jésus dans Luc (6, 35-36) – « Aimez vos ennemis, faites du bien... et vous serez fils du Très Haut, car il est bon pour les ingrats et pour les méchants. » –, Philippe risque de se mettre en colère et d'utiliser abusivement ses pouvoirs. C'est pourquoi Mariamne, « choisie entre toutes les femmes » par Jésus, doit accompagner Philippe, où qu'il aille.

« Et change ton apparence de femme », dit Jésus en guise de dernière instruction à Mariamne. Jésus lui enjoint-il de changer de vêtements, d'éviter de porter une robe peu commode sur la longue route vers la Grèce, ou de se faire passer pour un homme ? Le professeur Bovon voit dans cet ordre un sens plus mystique, enfoui dans une tradition chrétienne perdue depuis l'Antiquité. Il observe qu'un message très similaire est évoqué dans les derniers versets de l'Évangile de Thomas. Le corps masculin ou féminin ne doit pas seulement être considéré comme l'enveloppe extérieure qui habille l'esprit. Ce qui importe, c'est l'esprit qui habite cette enveloppe.

Si la Mariamne de l'ossuaire numéro 80/500 était bien l'apôtre découvert par le professeur Bovon, son voyage physique et spirituel jusqu'à son lieu de repos final a été inhabituellement mouvementé.

L'Évangile de Thomas nous montre la vive opposition de Simon-Pierre à la présence de Marie Madeleine parmi les apôtres :

Que Mariam sorte de parmi nous, parce que les femmes ne sont pas dignes de la Vie. Et Jésus lui répondit, en colère : « Voici que je l'attirerai afin de la faire mâle, pour qu'elle soit, elle aussi, un esprit vivant, semblable à vous, les mâles. Car toute femme qui se fera mâle entrera dans le royaume des cieux. »

Le rôle dévolu à Marie Madeleine par Jésus ainsi que son conflit avec Simon-Pierre sont évoqués à nouveau dans l'Évangile de Marie Madeleine, découvert à Nag Hammadi en 1945. Un an et demi après sa crucifixion, Jésus apparut devant Marie Madeleine seule et lui livra une dernière révélation ainsi qu'une instruction. Le chapitre 5 de l'Évangile de Marie Madeleine commence par évoquer le manque de courage qui affecte Philippe et les autres apôtres, un épisode très semblable à certains passages de l'Évangile de Jean et des Actes de Philippe : « Les disciples étaient dans la peine ; ils versèrent bien des larmes, disant : "Comment se rendre chez les païens et annoncer l'Évangile du Royaume du Fils de l'Homme ? Ils ne L'ont pas épargné, comment nous épargneraient-ils ?" »

Marie Madeleine s'adresse alors à eux pour leur redonner courage : « Ne soyez pas dans la peine et le doute, car Sa grâce vous accompagnera et vous protégera. » Ce message est exactement le même que celui adressé au frère de Marie Madeleine dans les Actes de Philippe (8, 95) : « Pourquoi as-tu peur ? Puisque je suis toujours avec toi. » Elle les encourage encore un peu plus loin (5, 1-3) : « Ne soyez pas dans la peine... Louons plutôt Sa grandeur, car Il nous a préparés. Il nous appelle à devenir pleinement des êtres humains. »

Jusqu'ici, Marie Madeleine avait gardé par-devers elle son dialogue avec le Sauveur. Mais Pierre la supplie de révéler ce qu'elle sait : « Nous savons que le Maître t'a aimée différemment des autres femmes. Dis-nous les paroles qu'Il t'a dites, dont tu te souviens et dont nous n'avons pas la connaissance... » (Évangile de Marie Madeleine 5, 5-6).

Quand elle leur annonce que l'Apocalypse ne se produira pas de leur vivant, mais dans un avenir lointain, elle provoque la colère des apôtres. Après avoir entendu cela, Pierre s'écrie : « Est-il possible que le Maître se soit entretenu ainsi, avec une femme, sur des secrets que nous, nous ignorons ? Devons-nous changer nos habitudes, écouter tous cette femme ? L'a-t-Il vraiment choisie et préférée à nous ? » Alors Marie pleura. Elle dit à Pierre : « Mon frère Pierre, qu'as-tu dans la tête ? Crois-tu que c'est toute seule, dans mon imagination, que j'ai inventé cette vision ? Ou qu'à propos de notre Maître je dise des mensonges ? » Sur ce, Lévi prit la défense de Marie Madeleine en admonestant Pierre : « Pierre, tu as toujours été un emporté ; je te vois maintenant t'acharner contre la femme, comme le font nos adversaires. Pourtant, si le Maître l'a rendue digne, qui es-tu pour la rejeter ? Assurément, le Maître la connaît très bien. Il l'a aimée plus que nous. »

Dans un texte du IIIe siècle connu comme l'Évangile de Philippe, découvert lui aussi à Nag Hammadi, on trouve ce passage étonnant : « Et le Seigneur l'aimait [Marie Madeleine] plus que tous les autres disciples, et il l'embrassait souvent sur la... » Là, il manque des mots dans le texte, mais de nombreux spécialistes estiment que Jésus embrassait Marie Madeleine *sur la bouche*.

Dans la seconde partie des Actes de Philippe – dans ce que François Bovon appelle le « second acte » – la sœur de Philippe est à nouveau présentée sous un jour qui n'a rien à voir avec l'image qu'en donne le canon de l'Église. Cette seconde partie évoque les miracles qui ont jalonné le ministère de Jésus. Après le réveil d'entre les morts – semblable à celui de Lazare – d'un Romain adorateur d'Apollon, celui-ci affirme avoir entrevu, dans un avenir lointain, le jour du Jugement, « où je vis tant de tourments que la langue d'un homme ne peut les décrire ».

Parfois, Philippe a besoin du concours de sa sœur pour accomplir des miracles. Ainsi, pour redonner la vue à un aveugle, il frotte ses yeux avec de la salive recueillie de la bouche de sa sœur.

Les Actes de Philippe constituent un témoignage d'une grande valeur sur le christianisme primitif et éclairent d'un jour nouveau les inscriptions du site IAA 80/500-509.

– Dans ce texte, expliqua Bovon à Simcha, le groupe de Mariamne voyagea à travers la Syrie, puis vers le nord jusque dans les régions de langue grecque. Le nom de cet apôtre, Mariamne, est attesté au début du christianisme comme une variante grecque de Marie Madeleine. Et bien sûr, dans la version originale en grec des Actes de Philippe, il s'agit du même nom. Pour être clair, dans les Actes de Philippe, la première Marie – Marie Madeleine – est appelée Mariamne. La seconde Marie est également mentionnée, mais seulement une fois, à propos de la naissance de Jésus. Et elle est désignée sous le nom de...

– Maria, dit Simcha en finissant la phrase pour lui.

– Maria, répéta Bovon. Aussi ne peut-il y avoir ici de confusion entre les deux personnes.

Au Ier siècle, Jérusalem était un carrefour commercial international sous domination romaine – une situation que reflètent les ossuaires du tombeau de Talpiot, avec ses inscriptions en araméen, en grec et en latin écrit en caractères hébraïques. Le tombeau suggère que Jérusalem, à cette époque, était probablement trilingue. L'épigraphiste Frank Cross n'avait pas moins été surpris d'une telle variété à l'intérieur d'une seule et même sépulture. S'il s'agissait bien d'une famille inhumée par ses descendants, on se serait attendu à trouver la même langue sur chaque ossuaire. À moins, hasarda l'épigraphiste, que ces gens n'aient beaucoup voyagé et ne soient revenus à Jérusalem porteurs de surnoms d'origine étrangère.

Jusqu'ici, François Bovon ignorait l'existence de IAA 80/500-509. Pourtant, ses conclusions concernant Mariamne rejoignaient les thèses de l'équipe sur le tombeau de Talpiot.

— La Marie Madeleine du Nouveau Testament, continua Bovon, apparaît au début comme une femme riche qui aide Jésus dans son ministère. Elle est originaire de la même région que lui, près de la mer de Galilée. Aujourd'hui, les archéologues vous diront que cette région était en grande partie bilingue. Je dirais pour ma part qu'elle était trilingue. Il est vraisemblable que Marie Madeleine parlait grec, outre l'hébreu et l'araméen. D'ailleurs, l'Église orthodoxe grecque célèbre Marie Madeleine tous les 22 juillet[1].

— Philippe était donc lié à des disciples hellénophones de Jésus, et nous savons que Mariamne était la sœur de Philippe. Imaginons que des archéologues découvrent le tombeau de Marie Madeleine : pensez-vous dans ce cas que son nom serait inscrit en grec ?

Le professeur dévisagea Simcha d'un air interrogateur, comme s'il attendait la chute d'une plaisanterie ou bien une révélation quelconque.

— Voyez-vous, reprit Simcha, jusqu'à ce que vous mentionniez toutes ces informations, j'aurais pensé que s'il existait un ossuaire portant le nom de Marie Made-

---

1. La sainte Myrrhophore et Égale-aux-Apôtres Marie de Magdala.

leine, l'inscription en serait rédigée en hébreu ou en araméen.

— Pas nécessairement.

— Et selon vous, où pourrait-elle être enterrée ?

— À la fin du récit de la mission de Philippe, Barthélemy et Mariamne ne meurent pas en martyrs comme lui, car le texte donne des détails sur leurs destinées. Ainsi, il est dit que Barthélemy s'est rendu en Asie mineure et Mariamne dans la vallée du Jourdain, c'est-à-dire tout près de chez elle. Elle serait donc morte dans son pays. Cela dit, ce texte est en contradiction avec la version dominante qui situe Marie Madeleine quelque part dans le sud de la France. Les Actes de Philippe sont toutefois antérieurs à cette légende.

Les Actes de Philippe livraient des informations très importantes qu'il fallait confronter avec celles du tombeau de Talpiot. Tout d'abord, ils attribuaient un nom à la mère de Jésus – Marie – et un autre à Marie Madeleine – Mariamne. Deuxièmement, ils conféraient un statut à Mariamne, celui d'apôtre, d'envoyée, ou, pour utiliser un terme araméen, de *Mara*. Troisièmement, elle évoluait dans des milieux grecs. Enfin, ses ossements avaient été enterrés en Israël.

***

Durant toutes ces années, le Tombeau aux dix ossuaires s'était assoupi. Au début du VIᵉ siècle, l'Empire romain d'Orient affaibli se battait sur tous les fronts, au nord contre des barbares, les Avars, et au sud contre les Perses sassanides, tout en essayant de s'emparer de Jérusalem, la Ville sainte. Les soldats chrétiens de l'empereur Héraclius finirent par prendre Jérusalem vers 610, mais pas pour longtemps : tandis qu'Héraclius tentait de mater une rébellion arabe en Syrie, l'empereur reçut une lettre étrange à Bosra, au sud de Damas, lui enjoignant d'« adorer le seul vrai Dieu ». L'empereur répondit par un silence méprisant. L'auteur de la lettre n'était autre que le Prophète Mahomet.

En l'an 638, quelques années après la mort du Prophète, Jérusalem fut conquise par son successeur, le calife Omar, et, dix-sept ans plus tard, les disciples de Mahomet mettaient en déroute les derniers vestiges de la flotte byzantine.

***

– Chapitre 7 –

LES JUMEAUX

Pour quelle raison la sœur de Philippe aurait-elle été enterrée dans le tombeau de Jésus ? Était-elle sa femme ? Et pourquoi y aurait-il eu à côté d'eux un ossuaire portant l'inscription « Judas, fils de Jésus » ? Était-ce leur fils ? Aucun Évangile, canonique ou apocryphe, n'évoque un mariage entre Marie Madeleine et Jésus, pas plus qu'un éventuel enfant. Si Jésus a eu une femme et un enfant, les seules références possibles à leur existence devaient être codées.

Jésus, sa famille et ses disciples étaient conscients de vivre dans une société romaine et de la menace qui pesait sur les héritiers d'un candidat au trône d'Israël. Il y avait de nombreux exemples de ce genre de crime.

Du vivant de Jésus, durant les luttes de l'empereur Tibère pour s'emparer du trône, trois enfants adoptés par son prédécesseur, l'empereur Auguste, furent assassinés en même temps que leur père Agrippa (le gendre d'Auguste). Julia (fille d'Auguste et femme d'Agrippa) fut exilée sur une île lointaine. La fille d'Agrippa, Agrippine, fut arrêtée après l'accession au trône de Tibère, puis battue à mort. Un autre héritier d'Auguste, Germanicus le jeune, adopté par l'empereur et successeur désigné au trône, mourut, comme Auguste lui-même, dans des circonstances mystérieuses. Pourtant, son frère Claude fut épargné, parce qu'il n'avait pas été adopté par Auguste et parce que Tibère ne le considérait pas comme un obstacle à l'accession au trône.

Durant la Pâque, vers l'an 30, sous le règne de Tibère, « une foule nombreuse de gens venus à la fête ayant entendu dire que Jésus se rendait à Jérusalem prirent des branches de palmiers, et allèrent au-devant de lui, en criant : "Hosanna ! Béni soit celui qui vient au nom du Seigneur, le roi d'Israël" ! » (Jean 12, 12-13). Le gouverneur de Judée dut sentir le vent de la rébellion se lever contre l'Empire. À Rome, un conflit opposait Tibère et Séjan (Lucius Aelius Sejanus), commandant de la garde prétorienne, qui tentait de s'approprier le pouvoir impérial par un coup d'État militaire. Au cours de la purge qui s'ensuivit, quelques mois après la crucifixion de Jésus, les proches du général félon furent implacablement traités selon la « tradition » romaine. Tibère élimina Séjan, sa femme, sa maîtresse et ses deux enfants. Pourtant, une fois encore, un membre de la fratrie – la sœur de Séjan – fut épargné.

Cette coutume meurtrière était connue de tous : on tuait d'abord le père, puis la femme et les enfants. Si Jésus devait être exécuté, l'enfant du prophète serait en danger, et sa femme aussi, tandis qu'un frère aurait une bonne chance de survie, surtout s'il restait discret.

Dans une Jérusalem au bord de la révolte, les Romains considéraient un prétendant au trône davidique comme un danger réel. Selon les Évangiles, le gouverneur romain Pilate fit placer un écriteau au-dessus de la tête de Jésus : « Jésus de Nazareth, roi des Juifs ». Puis « ils lui ôtèrent ses vêtements, et le couvrirent d'un manteau écarlate. Ils tressèrent une couronne d'épines, qu'ils posèrent sur sa tête, et ils lui mirent un roseau dans la main droite » (Matthieu 27, 28-29).

Si Jésus était marié, mieux valait cacher l'existence de sa femme et ne s'y référer qu'à travers un langage codé, par exemple en l'appelant la « compagne », ou l'amie « bien-aimée » de Jésus. Quant au jeune Judas, qui avait peut-être entre dix et treize ans au moment de la crucifixion, il est possible qu'on ait tenté de le faire passer pour un jeune frère de Jésus, y compris aux yeux de la plupart des apôtres. Étant donné la politique des Romains, s'il avait existé réellement un « Judas, fils de Jésus », les disciples de Jésus, après sa mort, auraient tout fait pour maintenir le secret, en s'exprimant de manière codée : « Où est le frère de Jésus ? » ; ou bien : « Où est le jumeau aujourd'hui ? » Mais si les textes anciens étaient codés, est-il encore possible de les déchiffrer ?

L'Évangile de Marc (6, 3) mentionne que Jésus avait une famille qui comprenait, pour le moins, des frères et sœurs, et les nomme : « N'est-ce pas le charpentier, le fils de Marie, le frère de Jacques, de Joses, de Jude et de Simon ? »

Dans la tradition chrétienne, Judas, le frère de Jésus, est présenté comme saint Jude, l'un des apôtres. Certains textes font par ailleurs référence à « Didyme Judas Thomas ».

Le lien entre Judas (« *Yehuda* » ou « *Judah* ») et « Thomas » est souvent établi dans les textes anciens. Ainsi, par exemple, l'Évangile gnostique de Thomas commence par ces mots : « Voici les paroles secrètes que Jésus le Vivant a dites et que *Didyme Jude Thomas* a écrites. » Qui est ce mystérieux « Didyme Judas Thomas » ?

« *Didyme* » est un mot, et non pas un nom. En grec, il signifie « jumeau ». De même, que « *te-om* » en hébreu, qui a donné « Thomas ». Dans la première phrase de l'Évangile de Thomas, le chroniqueur annonce donc que ces enseignements secrets de Jésus furent écrits par « Jumeau Judas Jumeau ». Cette formule énigmatique résonne un peu plus loin dans le texte lorsqu'on lit ces paroles attribuées à Jésus : « Le jour où vous étiez un, vous êtes devenus deux. »

L'ossuaire de Talpiot portant l'inscription « Judas, fils de Jésus » permet d'avancer une hypothèse. Se pourrait-il que le fils soit devenu le « jumeau » – peut-être un code pour désigner le « fils aîné » – afin de le protéger des autorités romaines ?

Dans Marc (12, 1-12), Jésus raconte la parabole d'un homme bon qui avait affermé sa vigne à des vignerons, puis avait quitté le pays. Au temps de la récolte, il envoya successivement plusieurs serviteurs vers les vignerons pour recevoir d'eux une part du produit de la vigne. Les vignerons les battirent l'un après l'autre, puis les tuèrent. L'homme envoya alors son « fils bien-aimé », mais les vignerons « se saisirent de lui, le tuèrent, et le jetèrent hors de la vigne ». Et c'est à ce moment (Marc 12, 8) que la parabole de la vigne s'achève de manière abrupte, apparemment sans raison.

L'Évangile de Thomas semble avoir préservé une version plus ancienne et plus complète de cette parabole, dans laquelle seul le fils et héritier est tué :

Il [Jésus] a dit : Un homme honnête avait une vigne. Il la donna à des vignerons pour qu'ils la cultivent et qu'il puisse en recevoir le fruit de leurs mains. Il envoya son serviteur pour que les vignerons lui donnent le fruit de la vigne. Ils saisirent son serviteur, le rouèrent de coups et peu s'en fallut qu'ils ne le tuent. Le serviteur retourna et raconta à son maître ce qui s'était passé. Le maître dit : « Peut-être ne l'ont-ils pas reconnu. » Il envoya alors un autre serviteur. Les vignerons le rouèrent à son tour de coups. Alors le maître envoya son fils, et dit : « Peut-être montreront-ils du respect pour mon fils. » Quand ces vignerons surent qu'il était l'héritier de la vigne, ils le saisirent et le tuèrent. Celui qui a des oreilles, qu'il entende.

Peut-être, comme beaucoup l'ont affirmé, cette parabole décrit-elle la propre mort de Jésus. On peut également penser qu'elle décrit le sort qui aurait été réservé respectivement à ses disciples et à son propre fils.

Dans le dit 13 de l'Évangile de Thomas, Jésus prend à part Judas Thomas et lui livre trois paroles. Les apôtres lui demandent alors : « Que t'a dit Jésus ? » Et Didyme Judas Thomas leur répond : « Si je vous dis une seule des paroles qu'il m'a dites, vous prendrez des pierres et vous les lancerez contre moi ; et alors un feu sortira des pierres et vous brûlera. »

– Chapitre 8 –

« L'ÉQUATION JÉSUS » REVISITÉE
Charles Pellegrino

Simcha voulut s'assurer que mon analyse statistique ne serait pas contestée et sollicita l'avis d'Andrey Feuerverger, de l'université de Toronto, l'un des plus grands statisticiens nord-américains. Comme moi, Feuerverger se montra d'une extrême prudence. Il n'attribua aucune valeur à l'inscription « Judas, fils de Jésus » et rapporta l'inscription inhabituelle « *Yos'e* » au nombre des Joseph. Au final, les résultats de Feuerverger correspondaient grosso modo aux miens : 1 sur 2,4 millions au lieu de 1 sur 2,5 millions.

Andrey Feuerverger entreprit alors de rédiger un article sur le tombeau de Talpiot et de le proposer à une revue de statistiques. Toutefois, avant de soumettre son article à l'évaluation de ses pairs, il le montra de manière informelle à quelques collègues. Ceux-ci considérèrent ses calculs et son raisonnement comme corrects, mais le mirent en garde : la publication de statistiques sur un éventuel tombeau de famille de Jésus susciterait de graves controverses.

Feuerverger se dit alors que, quelles que soient les précautions qu'il avait prises, il y aurait toujours quelqu'un pour proposer une approche encore plus prudente. Aussi décida-t-il de repenser l'équation.

Peu de temps après, il appela Simcha pour lui annoncer qu'il allait introduire ce qu'il appelait un *facteur surprise* dans l'équation, c'est-à-dire qu'il attribuerait une valeur aux noms de proches de Jésus (en particulier issus de sa famille) qui *ne se trouvaient pas* dans son tombeau. Ce nouveau facteur aurait pour effet de diminuer la valeur statistique des noms qui *s'y trouvaient*.

Étant donné que Simon était aussi un frère, on pourrait considérer que la présence d'une inscription « Simon » dans le tombeau *accroît* la probabilité qu'il s'agisse bien du tombeau de famille de Jésus, et inversement que son *absence diminue* cette probabilité. L'idée était donc de factoriser tous les frères manquants.

Matthieu ayant été considéré comme statistiquement neutre, Feuerverger décida en revanche de ne pas attribuer de valeur surprise aux apôtres manquants ou aux cousins.

L'absence d'un ossuaire portant l'inscription Joseph, le père de Jésus, était un autre facteur à prendre en considération. De l'avis général, Joseph était mort loin de Jérusalem et il était donc probablement normal qu'il ne fût pas enterré dans le tombeau de Talpiot. Feuerverger n'était pas certain que l'ajout d'une valeur négative « Joseph » fût nécessaire. De fait, l'inscription « Jésus, fils de Joseph » supposait l'existence d'un « Joseph, père de Jésus ». Selon ce raisonnement, si l'ossuaire de Jésus avait porté l'inscription « Jésus, fils de Joseph, frère de Jacques », cela aurait eu une valeur positive, et non une valeur négative, même si l'ossuaire de Jacques ne se trouvait pas dans le tombeau.

La première difficulté à laquelle fut confronté Feuerverger, le Simon manquant, fut vite surmontée. « Simon », comme « Matthieu », figurait parmi les noms les plus courants sur les ossuaires du Ier siècle (un homme sur quatre). À tel point que dans un tombeau de dix ossuaires contenant cinq hommes, la probabilité de trouver un Simon constituait une certitude mathématique. Ainsi, l'absence d'un ossuaire « Simon » était équivalente à sa présence ; autrement dit, sa valeur était neutre.

L'absence des inscriptions « Jacques, frère de Jésus » et « Judas, frère de Jésus » dans le tombeau de Talpiot posait un problème différent. Le nom « Jacques » (ou Jacob), selon les calculs de Rahmani et d'Ilan, ne figurait que sur deux pour cent des ossuaires, soit 1 sur 50, et « Judas » sur dix pour cent, soit 1 sur 10. L'absence d'un « Jacques » et d'un « Judas » avait donc un impact négatif sur l'équation.

Feuerverger prit en compte tous ces éléments en divisant les 2,4 millions par un facteur 4, afin d'intégrer l'effet « parti pris non intentionnel » des sources historiques. À ce stade, la probabilité que la série de noms du tombeau de Talpiot puisse être due au hasard passa de 1 sur 2,4 millions à 1 sur 600 000. Il divisa ensuite ces 600 000 par 1 000, c'est-à-dire par le nombre maximum de tombeaux qui auraient pu exister à Jérusalem au Ier siècle. Finalement, Feuerverger parvint à la conclusion qu'il n'y avait qu'une chance sur 600 pour que le tombeau de Talpiot ne soit pas celui de la famille de Jésus de Nazareth[1].

— Pas trop déçu par ces résultats ? demanda Feuerverger à Simcha.

— Ils sont bons. C'est comme si vous me proposiez de jouer à la roulette en me précisant que je n'aurais qu'une chance sur 600 de perdre ! Croyez-moi, je miserais toute ma fortune sans hésiter ! Et que se passerait-il, ajouta Simcha, si l'on découvrait que l'ossuaire « Jacques, frère de Jésus » provenait également de ce tombeau ?

— Vous voulez parler du prétendu ossuaire de Jacques ?

— Oui. S'il n'était pas si « prétendu » que cela ?

— Si on disposait de preuves à l'appui de cette thèse, et que « Jacques » puisse être inclus dans « l'équation Jésus »...

Il s'interrompit pour faire un rapide calcul dans sa tête.

— ... alors, je pense que les probabilités s'élèveraient au moins à une chance sur 30 000. Mais sachez que, même sans « Jacques », un facteur probabilité de un sur 600 signifie que, par exemple, si vous inventiez un médicament anticancéreux qui ne connaîtrait qu'un échec sur 600 patients, vous feriez un excellent candidat pour le prix Nobel.

---

1. À l'heure où j'écris ces lignes, l'article de Feuerverger est évalué par le comité de lecture d'une prestigieuse revue statistique américaine, en vue de sa publication.

***

À l'ouest de Jérusalem, en Égypte, la Bibliothèque d'Alexandrie n'était plus qu'un tas de cendres, après avoir été détruite à cinq ou six reprises par les Romains, les chrétiens et les musulmans. Cependant, au Xᵉ siècle, à Cordoue en Espagne et à Jérusalem, Juifs et Arabes entreprirent de fonder des bibliothèques et d'installer un système d'adduction d'eau, avec citernes et voies d'irrigation. Sur les collines autour du tombeau, les deux peuples sémitiques unissaient leur savoir-faire pour réintroduire un éclairage public, favoriser l'étude de l'alchimie et la culture en terrasse. Les chiffres arabes détrônaient les vieux chiffres romains incommodes, tandis que l'algèbre, la chimie et les sciences physiques faisaient leur apparition. L'apport de techniques nouvelles, alliages, teintures et verres optiques, semblait marquer la fin d'une ère obscurantiste.

***

– Chapitre 9 –

DEUX POIDS DEUX MESURES

Il y aura toujours des gens pour qui lier des ossuaires à des personnages du Nouveau Testament est un non-sens. L'idée que l'on puisse découvrir des objets archéologiques en relation avec des récits évangéliques sur Jésus et sa famille suscite toujours une forte résistance parmi les scientifiques.

Pourtant – et cela surprendra sans doute la plupart des lecteurs – les scientifiques n'hésitent pas à attribuer des ossuaires à des figures importantes des Évangiles, à condition qu'ils ne soient pas liés à Jésus ou à sa famille. Ainsi, dix ans après la découverte du tombeau de Talpiot, un autre bulldozer mit au jour par accident, dans la « forêt de la Paix », près de Jérusalem, celui de Caïphe, le grand prêtre du Temple qui, selon les Évangiles, avait condamné Jésus. Cette découverte fit la une de la presse internationale.

Ce tombeau était deux fois plus petit que celui de Talpiot et ne possédait pas d'antichambre. Parmi les objets trouvés à l'intérieur, il y avait des lampes à huile en céramique et une petite bouteille en verre contenant des restes d'onguent parfumé. La découverte la plus sensationnelle fut, bien sûr, celle de deux ossuaires portant le nom de « *Qafa* », ou Caïphe. Sur le plus richement décoré des deux – en fait, le plus ornementé de tous les ossuaires connus –, deux parois étaient ornées de deux ensembles de six rosettes inscrites dans des cercles, tandis que trois bordures étaient décorées de bandes à motif de palmiers. Cet ossuaire portait l'inscription « *Yoseph bar Qafa* », « Joseph, fils de Caïphe ». Il s'agit du grand prêtre évoqué dans les Évangiles (Luc 3, 2 ; Jean 11, 49), et dont le nom complet – « le grand prêtre Joseph appelé Caïphe » – est décliné par Flavius Josèphe dans les *Antiquités juives* (18, 2).

Comme on l'a vu, du point de vue statistique, « Joseph » était à l'époque du Second Temple l'un des noms les plus répandus dans la région de Jérusalem – il représente quatorze pour cent des prénoms masculins sur les ossuaires inscrits répertoriés. Caïphe, à l'inverse, est unique (moins d'une occurrence sur 200, soit environ 0,5 %, selon les chiffres de Lemaire). En se fondant sur ces pourcentages, seulement un homme sur 1 400 à Jérusalem était susceptible de s'appeler « Joseph, fils de Caïphe ».

Détail intéressant, les scientifiques n'ont jamais fait d'analyses statistiques à partir de cet ossuaire. Ils ont seulement supposé – à juste titre, en fin de compte – qu'il s'agissait du tristement célèbre Caïphe du Nouveau Testament. Aujourd'hui, il est exposé au musée d'Israël et présenté comme l'ossuaire qui contint jadis les ossements du grand prêtre.

En l'absence d'analyses statistiques, comment les scientifiques peuvent-ils être si sûrs qu'il s'agit bien du Caïphe du Nouveau Testament ? David Mevorah,

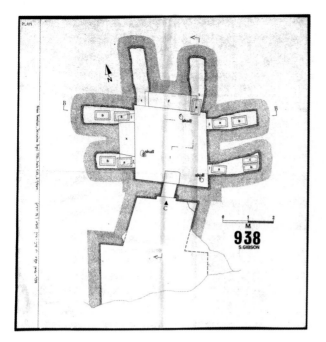

Plan du Tombeau aux Dix Ossuaires, dessiné par Shimon
Gibson en 1980. L'emplacement exact de chacun des ossuaires
au moment de leur découverte est indiqué, ainsi que celui
des trois crânes exhumés par le Dr Gat.

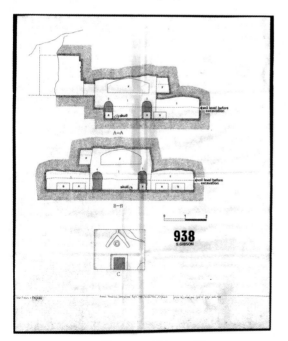

Le plan de coupe effectué par Shimon Gibson montre
la couche de terra rossa qui s'est accumulée dans
le tombeau.

Mise au jour par l'action conjointe de la dynamite et d'un bulldozer, l'antichambre du Tombeau surgit de la roche qu'on croirait fendue par une hache gigantesque.

Décembre 2005 : Simcha et son équipe examinent les symboles inscrits sur des ossuaires conservés dans l'entrepôt de l'Autorité des antiquités israéliennes.

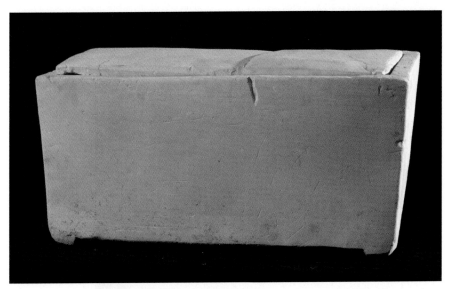

L'ossuaire de Jésus est l'un des moins ouvragés. Il a été apparemment endommagé et malmené par les ouvriers qui l'ont taillé. L'inscription « Jésus » chevauche des éraflures profondes.

Seul ornement sur l'artefact 80/503, après la lettre Taw, l'inscription : « Yeshoua bar Yossef » – « Jésus, fils de Joseph ». Le fait que le plus révéré des noms contenus dans le tombeau ait été retrouvé sur un ossuaire modeste est cohérent avec l'enseignement de Jésus : « Montrez-moi la pierre que les bâtisseurs ont rejetée : c'est elle la pierre angulaire. »

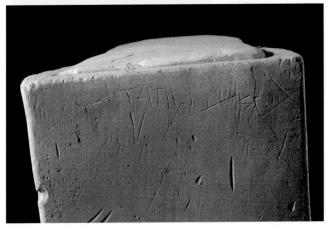

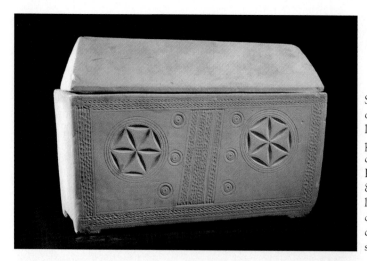

Seuls trois ossuaires dans la tombe portaient des ornements. L'anonyme 80/508, l'ossuaire de Mariamene et celui attribué à son fils Judas.

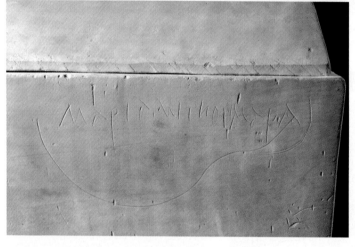

L'ossuaire de Mariamene proclame en grec : « de Mariamene, alias Mara ».

La simplicité de l'ossuaire de Matthieu rivalise avec celle de Jésus, conformément au message du Christ. La surface piquée de l'ossuaire (comme d'autres dans le tombeau) témoigne de l'érosion et des attaques bactériennes causées par la terra rossa au fil des siècles.

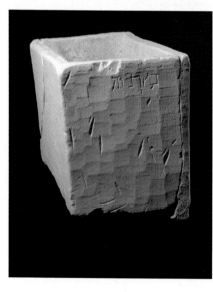

Le Tombeau aux Dix Ossuaires, le 14 décembre 2005. Des niches funéraires sont visibles sous les arches. Les murs et toutes les surfaces sont couverts d'une patine cristalline de terra rossa.

Livres saints et écrits religieux emplissent deux niches funéraires jusqu'au niveau autrefois atteint par la terra rossa.

Après la découverte du Tombeau aux Dix Ossuaires, et avant de l'enfouir de nouveau sous le béton et l'acier, les autorités religieuses israéliennes en firent une *guenizah*, la dernière demeure des livres de prière et des parchemins hébraïques. « Une fin poétique », d'après Simcha.

Simcha et Charles pénètrent dans la chambre principale du Tombeau aux Dix Ossuaires, le 14 décembre 2005. S'ils avaient eu à choisir entre visiter ce tombeau et celui de Toutankhamon, disent-ils, ils auraient opté pour celui de Jérusalem.

Charles prélève des spécimens de la patine sur une portion de mur.

Le symbole associant un cercle et un chevron, retrouvé sur le fronton de l'antichambre du tombeau, fut perpétué par les Templiers après la première Croisade. Vers 1500, Pontormo reprend ce symbole quelque peu modifié dans son *Souper à Emmaüs*.

Simcha contemple
le symbole surplombant
l'entrée de l'antichambre
avant de descendre dans
la chambre principale,
le 14 décembre 2005.
Des fragments de livres
saints tapissent le fond
d'un « puits funéraire ».
Le puits a été comblé
puis dissimulé par
un jardin de roses,
sur ordre des autorités
religieuses locales.

Le 15 décembre 2005, des caméras robots
explorèrent en détail la deuxième chambre
funéraire. À l'heure où nous écrivons,
ce tombeau reste à étudier.

Deux ossuaires reposent à l'intérieur
d'une niche dans la deuxième chambre
funéraire. Les caméras ont révélé d'autres
inscriptions en grec, mais l'espace entre
la façade de l'ossuaire et les murs du tunnel est
trop exigu pour permettre de les déchiffrer
nettement.

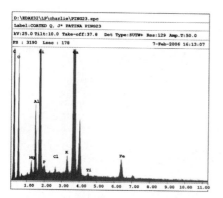

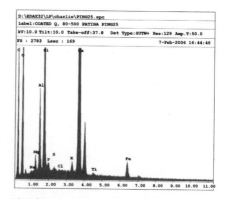

Analyse spectrographique des parois
du Tombeau de Talpiot et de la patine
des ossuaires. Ci-dessus, celle de l'ossuaire
de Jésus.

L'analyse spectrographique de la patine
de l'ossuaire « Mariamene » révèle
des caractéristiques chimiques identiques en
tout point à celles du reste du Tombeau.

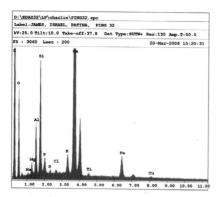

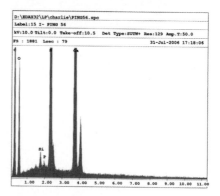

L'analyse spectrographique de l'ossuaire
de Jacques révèle elle aussi
des caractéristiques chimiques identiques
à celles des autres éléments trouvés dans
le Tombeau de Talpiot. Cela suggère que
cet ossuaire, dont on ignorait la provenance
exacte et dont l'authenticité fut mise à mal,
est sans doute le dixième artefact retrouvé
sur les lieux et qui se volatilisa par la suite.

Analyse spectrographique d'une patine
provenant d'un autre tombeau. On note
l'absence de fer, de titane et de potassium
typiques d'un sol de terra rossa.

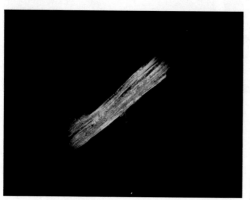

Fibres extraites d'une concrétion
minérale qui s'est formée dans
l'ossuaire de Jésus, sans doute
provenant d'un vêtement en toile
grossière.

conservateur des périodes hellénique, romaine et byzantine au musée d'Israël, indique que deux éléments l'ont conduit à cette conclusion : la rareté du nom Caïphe et l'« ornementation luxueuse » de l'ossuaire, qui témoigne d'une lignée sacerdotale.

Mais l'ossuaire de Caïphe n'est pas le seul que les archéologues aient associé à un personnage du Nouveau Testament.

À Jérusalem, à la cinquième station du chemin de croix, il existe une église dédiée à Simon de Cyrène, l'homme qui, selon les Évangiles, aida Jésus à porter la croix. L'Évangile de Marc identifie Simon et ses deux fils par leurs noms et leur lieu d'origine : « Ils forcèrent à porter la croix de Jésus un passant qui revenait des champs, Simon de Cyrène, père d'Alexandre et de Rufus » (Marc 15, 21).

Vers l'an 30, Simon, selon Marc, quitta Cyrène (aujourd'hui en Libye) pour venir à Jérusalem fêter la Pâque, où il fit sa rencontre fatidique avec Jésus. Son ossuaire a été découvert dans la vallée du Kidron, à l'est de Jérusalem, par le professeur Eleazer Sukenik. Il se trouve actuellement sous une table d'un entrepôt de l'Université hébraïque de Jérusalem. Aujourd'hui, les dizaines de milliers de pèlerins qui vont prier à la chapelle de Simon de Cyrène, élevée à la cinquième station du chemin de croix, sur la Via Dolorosa, ignorent cette découverte.

L'histoire de l'ossuaire de Simon a commencé en 1941, à l'époque du mandat britannique, au moment où l'attaque de Pearl Harbor allait précipiter les États-Unis dans la Seconde Guerre mondiale. Le tombeau de famille de Simon était simple et ne comportait qu'une salle. Au sol, il y avait onze ossuaires, avec douze inscriptions et quinze noms. Outre une série de noms qui étaient communs en Cyrénaïque, l'un des ossuaires portait l'inscription « Simon » sur un côté. Sur le couvercle de ce même ossuaire apparaissait le mot « Cyrène ».

Pour Tom Powers, de la Société d'archéologie biblique, il n'est guère étonnant qu'en 1941, en pleine guerre mondiale, l'inscription « Simon de Cyrène » ait échappé à l'attention du public, et même à celle des milieux scientifiques. L'ossuaire demeura donc oublié de tous dans un entrepôt de l'AAI, jusqu'à ce que l'archéologue publie en 2003 un article dans la *Biblical Archaeology Review*[1]. Aujourd'hui, les spécialistes s'accordent à penser que cet ossuaire est bien celui du Simon de Cyrène du Nouveau Testament. Encore une fois, comment peuvent-ils en être si sûrs ? Après tout, « Simon » était le nom le plus courant parmi les Juifs du Ier siècle.

« Si l'on considère l'extrême rareté du nom Alexandre, écrit Powers, tout concorde : les noms inscrits sur les ossuaires désignent une famille originaire de Cyrénaïque ; une inscription porte le nom d'Alexandre, identifié comme le fils de Simon, autrement dit la relation même qui est décrite dans les Évangiles : un homme originaire de Cyrène, appelé Simon, père d'Alexandre. »

En 2006, à notre demande, James Tabor examina l'ossuaire à l'Université hébraïque de Jérusalem. Il confirma que le mot « Cyrène » était inscrit sur le cou-

---

1. Tom Powers, « *Treasures in the Storeroom : Family Tomb of Simon of Cyrene* », *Biblical Archaeology Review*, juillet-août 2003.

vercle et, sur un côté, il lut ces mots écrits en grec : « Alexandre (fils) de Simon ». Les noms étaient superposés, ce qui signifiait généralement que les ossements du père et du fils avaient été placés dans le même ossuaire.

Cependant, la thèse du tombeau de Simon de Cyrène résiste-t-elle à une analyse statistique ? Simon est un nom commun, alors qu'Alexandre, comme Powers l'indique, est très rare, et « Cyrène » encore plus. Néanmoins, si l'on applique le protocole de Feuerverger avec son « facteur surprise » à l'ossuaire de Simon de Cyrène, les résultats sont moins concluants : si le nom de son fils, Alexandre, est attesté dans les inscriptions, celui de son autre fils, Rufus (mentionné dans les Évangiles), brille par son absence.

Quoi qu'il en soit, même soumis au protocole de Feuerverger, les chiffres demeurent impressionnants, avec seulement une chance sur 200 pour que cet ossuaire ne soit pas celui de Simon de Cyrène. Pourtant, alors que ces résultats font pâle figure comparés à ceux du tombeau de famille de Jésus, les archéologues ont accepté sans difficulté la thèse selon laquelle il s'agissait bien de Simon de Cyrène. Alors, deux poids deux mesures ?

***

En l'an 1054, le 4 juillet, on put observer depuis la Terre la nébuleuse du Crabe, les vestiges de l'explosion d'une étoile qui s'était produite 6 000 ans plus tôt. La nébuleuse, en s'élevant à l'est de Jérusalem, devint suffisamment brillante pour éclairer la ville jusque tard dans la soirée. Pendant presque deux semaines, on eut l'impression que le soleil s'était dédoublé.

Bien sûr, aucune lumière, pas plus celle de la nébuleuse du Crabe que celle du jour, n'atteignit le tombeau, mais de microscopiques poussières stellaires propulsées par l'explosion de la supernova traversèrent la pierre calcaire, les os, et poursuivirent leur route jusque dans la croûte terrestre. Les particules les plus légères de la nébuleuse traversèrent la Terre de part en part, tandis que des atomes de calcium et de silice étaient occasionnellement piégés dans le calcaire et dans les os, de sorte que les ossuaires d'un homme nommé Jésus, d'une femme nommée Marie et d'un fils nommé Judas préservèrent la substance d'une étoile mourante, qui, des siècles plus tôt, avait dû annoncer l'incendie de Jérusalem en 70. De même, cette étoile avait dû annoncer la révolte juive contre Rome et la crucifixion de Jésus.

En 1099, une horde de soudards – l'armée des croisés – réussit à s'emparer de Bethléem, puis fonça sur Jérusalem. Aux alentours de la ville, les groupes de croisés s'entretuèrent pour savoir lequel

164

s'emparerait des trésors qui devaient se trouver derrière les remparts. Ensuite, selon les historiens de l'Église, l'armée ouvrit une brèche dans les remparts et pénétra dans la Ville sainte.

En ce temps-là, les Évangiles, dans leur forme définitive, avaient déjà plus de sept siècles d'existence, mais la plupart des envahisseurs du Nord ne savaient ni lire ni écrire. Avaient-ils connaissance des enseignements de Jésus, leur prophète, qui prêchait la charité, l'amour d'autrui et même la compassion pour son ennemi ? À en juger par les tueries épouvantables perpétrées par ces hommes dans Jérusalem, on peut en douter. Arabes, Juifs et Grecs — soldats blessés, jeunes érudits, femmes avec leurs bébés dans les bras —, tous furent rassemblés par milliers puis poussés et barricadés dans les mosquées et les synagogues pour y être brûlés vifs. Au soir de l'arrivée des croisés, une nouvelle couche de cendres carbonisées commença à souiller l'air et à s'infiltrer lentement dans le sol, phénomène favorisé par le déversement chaotique des eaux des aqueducs saccagés. Dans le Tombeau aux dix ossuaires, ces cendres, sous l'action des infiltrations pluviales ultérieures, épaissiraient la patine protectrice sur les dents, les tibias, et sur l'inscription « Jésus, fils de Joseph ».

**

– Chapitre 10 –

LES NAZARÉENS

Longtemps avant l'arrivée des croisés, des hommes avaient aménagé des cultures en terrasse au-dessus et autour du tombeau. Les parcelles creusées à flanc de colline avaient été soigneusement remplies de *terra rossa*, une terre rare et très fertile, riche en fer et en titane. Sous la lumière du soleil levant, puis à nouveau au soleil couchant, cette terre si particulière prenait des teintes rouges qui nimbaient les collines d'un halo rose.

Peu avant le XIIe siècle, à peu près à l'époque des croisés et de l'ordre des Templiers, le Tombeau aux dix ossuaires reçut la visite d'intrus que les archéologues appelleront plus tard les « gens de la *terra rossa* ». Il ne s'agissait ni de juifs ni de musulmans, car ils ne suivaient les coutumes ni des uns ni des autres.

Les intrus déplacèrent la pierre de scellement de la cinquième niche, enlevèrent l'ossuaire, l'étudièrent, puis le replacèrent délicatement dans la niche, en laissant toutefois l'une de ses extrémités dépasser de la cavité. Tous les ossuaires, à l'exception de celui-là, devaient rester inviolés, sans le moindre signe de déprédation ou de pillage.

Au centre du tombeau, les gens de la *terra rossa* laissèrent une sorte de « carte de visite ». Trois crânes furent disposés dans la salle, selon un ordre singulier et visiblement cérémoniel.

Ensuite, par un étrange détour de l'histoire, le tombeau fut scellé pour la seconde fois et sombra à nouveau dans l'oubli.

*
**

Depuis la fenêtre de son bureau donnant sur Santa Monica Boulevard, James Cameron fait quotidiennement face au temple maçonnique de Santa Monica, dont le premier étage est orné d'un chevron enfermant une lettre G en forme de cercle. Ce symbole ressemble à s'y méprendre au chevron et au cercle ornant la façade du tombeau de Talpiot.

— Il faut enquêter sur cette similarité, dit un jour James à Simcha. Ce symbole a été associé aux hérésies chrétiennes. Nous ne pouvons pas l'ignorer.

Personne, dans l'équipe de Simcha, ne souhaitait être impliqué dans un scénario à la Dan Brown [1].

— Et si, malgré sa propension à déformer la réalité et son obsession des complots, Dan Brown avait en partie raison ? avança James Cameron.

— OK, dit Simcha, on va jouer au *Da Vinci Code* un petit moment. Mais, autant que possible, fondons nos spéculations sur des faits. Pour commencer, au lieu

1. Auteur du livre *Da Vinci Code*. (N.d.T.)

168

d'analyser une œuvre de Léonard de Vinci, examinons un tableau du Pontormo, l'un de ses élèves.

Depuis le succès planétaire du *Da Vinci Code*, le tableau de Léonard de Vinci, *La Cène*, a focalisé l'attention du public. Et pourtant, le tableau « codé » de loin le plus intéressant est le *Souper à Emmaüs* de Jacopo Carucci, dit le Pontormo.

– Le repas mis en scène dans ce tableau a la particularité de se dérouler *après* la crucifixion, ajouta Simcha.

Le *Souper à Emmaüs* illustre le repas qui se tint au village d'Emmaüs après la résurrection, à environ dix kilomètres de Jérusalem – « éloigné de Jérusalem de soixante stades », précise Luc (24, 13).

Dans le récit de Luc, deux des disciples qui découvrirent le tombeau vide marchaient vers Emmaüs, discutant des événements, quand « Jésus s'approcha, et fit route avec eux » (Luc 24, 15-16). Toutefois, ces deux disciples ne purent le reconnaître. Jésus leur demanda pourquoi ils avaient l'air si tristes. « L'un d'eux, nommé Cléopas, lui répondit : Es-tu le seul qui, séjournant à Jérusalem, ne sache pas ce qui y est arrivé ces jours-ci ? Quoi ? leur dit-il. Et ils lui répondirent : Ce qui est arrivé au sujet de Jésus de Nazareth, qui était un prophète puissant en œuvres et en paroles devant Dieu et devant tout le peuple » (Luc 24, 18-19).

Jésus marcha en leur compagnie, discutant des Écritures et des prophéties, toujours incognito, même quand ses compagnons l'invitèrent à rester à Emmaüs pour le souper : « Pendant qu'il était à table avec eux, il prit le pain ; et, après avoir rendu grâces, il le rompit, et le leur donna » (Luc 24, 30).

Après avoir soupé avec eux, Jésus se fit soudain reconnaître : « Alors leurs yeux s'ouvrirent, et ils le reconnurent ; mais il disparut de devant eux » (Luc 24, 31).

C'est ce souper que le Pontormo a choisi d'illustrer : Jésus en est naturellement la figure centrale. Il rompt le pain, tout comme dans l'Évangile de Luc. Il est le seul personnage auréolé. Ce qui est très étonnant, c'est le symbole au-dessus de sa tête : un triangle, avec en son centre l'œil qui voit tout. Comment le Pontormo pouvait-il connaître ce symbole quinze siècles plus tard ? Comment cette information aurait-elle été transmise de Jérusalem jusqu'à Florence, pour se retrouver encodée dans le tableau du Pontormo ?

— Ma théorie, reprit Simcha, est que les premiers disciples de Jésus, auxquels on attribue des noms divers — ébionites, nazaréens ou judéo-chrétiens — n'ont pas disparu à l'époque de Constantin et de l'avènement de l'Église des Gentils. Je pense qu'ils ont survécu, malgré les accusations d'hérésie portées contre eux par Eusèbe au IVe siècle. Dans ces conditions, que pouvons-nous en conclure ?

— Ils sont entrés dans la clandestinité, dis-je.

Il existait encore quelques petits groupes d'ébionites quand l'évêque Eusèbe de Césarée écrivit sa monumentale *Histoire de l'Église*, entre 325 et 339. Eusèbe les considérait comme une menace pour le christianisme : ces hérétiques héritiers des thèses judéo-chrétiennes voyaient en Jésus un « homme simple et ordinaire » qui, malgré ses miracles et ses prophéties, vécut une existence tout à fait humaine, étant né, comme n'importe quel autre être humain, « de relations entre Joseph et Marie »

(Livre 3, 27 ; 5, 8). Eusèbe reprochait en particulier aux ébionites d'observer la loi juive, la Torah. Voici comment il les décrit :

> Ils observaient le sabbat et tout le cérémonial juif, mais le Jour du Seigneur, ils célébraient les mêmes rites que nous en commémoration de la résurrection du Sauveur. Du fait de ces pratiques, on les a alors surnommés *ébionites*, un nom qui indique la pauvreté de leur intelligence, car ce mot signifie « pauvre » en hébreu.

Autrement dit, dans le langage d'aujourd'hui, Eusèbe considérait les disciples juifs de Jésus comme une bande d'arriérés.

Reste que Jésus, les deux Marie, les apôtres et tous les premiers disciples de Jésus (y compris Simon de Cyrène) étaient juifs. À Jérusalem, Jacques, Pierre et tous ceux qui fondèrent la première Église jérusalémite créèrent certes une secte réformiste, mais qui demeurait fondamentalement juive.

Quand ils n'étaient pas appelés « ébionites », les premiers disciples de Jésus étaient désignés comme « nazaréens ». Ce terme peut avoir plusieurs origines : peut-être Jésus était-il originaire de Nazareth, ou bien appartenait-il au groupe ascétique des « *naziréens* » (les « séparés » ou les « consacrés »), à moins qu'il ne fût un « *netzer* », c'est-à-dire un descendant de la lignée royale de David. Dans Matthieu (2, 23), le terme est appliqué à Jésus lui-même, « afin que s'accomplît ce qui avait été annoncé par les prophètes : Il sera appelé Nazaréen ». L'action des nazaréens est évoquée vers l'an 57, quand Paul, convoqué au tribunal devant le gouverneur Félix de Césarée, est l'objet d'une attaque violente de l'orateur Tertulle : « Nous avons trouvé cet homme, une peste qui provoque des disputes parmi tous les Juifs du monde, dirigeant de la secte des Nazaréens, et qui a même profané le Temple » (Actes 24, 5).

Dans sa réponse, Paul accepte l'accusation sans hésitation puis, avec fierté et même d'un ton provocateur, définit ainsi la secte nazaréenne : « Mais je t'avoue pourtant ceci : selon la voie qu'ils appellent une "secte", c'est ainsi que je sers par un service sacré le Dieu de mes ancêtres, car je crois à tout ce qui est écrit dans la Loi [l'Ancien Testament] et dans les Prophètes » (Actes 24, 14).

« Nazaréen », à l'époque de Jacques et Paul, désignait, semble-t-il, les premiers disciples juifs de Jésus de Nazareth. Quand Paul et Barnabas se rendirent à Jérusalem pour discuter de l'intégration des Gentils – les « incirconcis » – dans la nouvelle Église, la décision finale fut prise par Jacques : « C'est pourquoi je suis d'avis qu'on ne crée pas des difficultés à ceux des païens qui se convertissent à Dieu, mais qu'on leur écrive de s'abstenir des souillures des idoles, de l'impudicité, des animaux étouffés et du sang » (Actes 15, 19).

En d'autres termes, jusqu'à la chute de Jérusalem, c'étaient les nazaréens/ébionites qui prenaient les décisions dans le mouvement juif de Jésus et, apparemment, on ne pouvait pas les distinguer de la population juive en général.

De fait, Tacite et Suétone, dans leurs chroniques sur le règne de Claude, semblent incapables d'établir une distinction entre l'Église des premiers chrétiens et le judaïsme : « Ce nom leur vient de Christ que, sous le principat de Tibère, le procurateur Ponce Pilate avait livré au supplice. Réprimée sur le moment, cette exécrable superstition faisait de nouveau irruption, non seulement en Judée, berceau du mal, mais encore à Rome » (Tacite, *Annales*).

Suétone, dans sa *Vie de Claude*, ne fait aucune distinction entre chrétiens et juifs : « Il [l'empereur Claude] chassa de la ville les Juifs qui se soulevaient sans cesse à l'instigation d'un certain Chrestus. »

Bien que l'on affirme qu'ils aient disparu après la destruction de Jérusalem, certains indices laissent penser que les judéo-chrétiens ont survécu longtemps après. En dehors d'Eusèbe, il existe une tradition chrétienne intéressante concernant la découverte de la « vraie croix ». Selon cette tradition, Hélène, la mère de l'empereur Constantin, vint à Jérusalem pour localiser les sites historiques associés à Jésus. Pour trouver le lieu de la crucifixion, Hélène réunit les « rabbins » de la ville. Assurément, ces derniers ne pouvaient être des rabbins du judaïsme orthodoxe, car ils n'auraient pas pris soin de préserver des sites associés à un homme considéré comme un faux messie. La conclusion s'impose que les gens que réunit Hélène étaient des judéo-chrétiens.

Dans cet épisode, Hélène indique que ces « rabbins » détiennent une « connaissance secrète », liée aux sites historiques du ministère de Jésus. Hélène contraint par la torture Judas, l'un de ces Juifs – qui deviendra plus tard évêque de Jérusalem sous le nom de Cyriaque et mourra en martyr chrétien –, à divulguer le lieu secret de la crucifixion.

– Et si Hélène n'avait pas posé les bonnes questions ? demanda Simcha. S'il existait un tombeau de famille de Jésus, mais qu'elle n'ait pas pensé à s'en enquérir, les judéo-chrétiens n'auraient jamais livré d'eux-mêmes l'information. Et si, sept siècles après Hélène, la même scène s'était déroulée ? Cette fois, les judéo-chrétiens auraient livré leur secret, à savoir que le corps de Jésus était inhumé à Jérusalem.

– Ainsi, il y avait toujours des judéo-chrétiens au XIᵉ siècle, renchérit James. Il est possible d'imaginer que, durant la prise de Jérusalem, des chevaliers soient tombés sur des judéo-chrétiens qui, pensant leurs derniers instants arrivés, les aient conduits jusqu'au tombeau. Ils ont pu les convaincre de l'authenticité du site et, d'une certaine manière, convertir ceux-ci à leur « hérésie ». Mais ce n'est qu'une hypothèse qu'il faudrait pouvoir prouver.

Le fait est qu'un chevron avec un cercle en son centre a été gravé sur la façade du tombeau qui abritait les ossuaires de Yos'e, Maria, Mariamne et Jésus.

Aujourd'hui, on retrouve un symbole similaire – une pyramide (ou un triangle) enfermant l'œil de Dieu – dans des temples maçonniques un peu partout dans le monde, sur les vitraux modernes de l'église de l'Annonciation à Nazareth, sur d'anciens tableaux du monastère de la Croix à Jérusalem, sur la tour de la cathédrale d'Aix-la-Chapelle en Allemagne, sur la façade du temple maçonnique en face du bureau de James Cameron à Los Angeles, etc. Et pourtant, personne ne sait ce que signifie exactement ce symbole.

Alors que Simcha et son équipe recherchaient le tombeau de Jésus à Talpiot, James Tabor examinait minutieusement l'ossuaire de Simon de Cyrène et photographiait les inscriptions « Simon » et « Alexandre » sous de multiples angles.

Soudain, de manière tout à fait fortuite, la lumière d'un projecteur révéla quelque chose que personne n'avait remarqué auparavant : un autre chevron, qui semblait avoir été gravé à la dernière minute pour réaliser un V renversé enfermant un cercle noir.

Il n'y avait pas de second V sur le couvercle de l'ossuaire, ce qui contredisait la thèse d'Amos Kloner sur les marques de maçon. La présence du même symbole à l'entrée du tombeau de Jésus et sur l'ossuaire de celui qui l'aida à porter la croix ne pouvait être une simple coïncidence.

Se pourrait-il, se demanda Tabor, que le chevron, comme le symbole du poisson, ait été un autre symbole du christianisme primitif ? Aux temps troublés des persécutions anti-chrétiennes, de Néron jusqu'à Vespasien, ce signe a-t-il pu faire fonction de code secret judéochrétien ?

— J'ai entendu dire, observai-je, que le cercle dans le chevron sur la façade du tombeau de Talpiot n'était rien d'autre qu'une rosette mal exécutée. Il semblerait que l'on en ait retrouvé des centaines de semblables sur les ossuaires du Ier siècle. Nous devons en tenir compte.

— Tout d'abord, dit Simcha, le symbole du tombeau de Talpiot n'est en aucune façon « mal exécuté ». Qu'est-ce qu'une rosette exactement ? Les spécialistes n'en savent rien. Bon nombre d'historiens affirment qu'il s'agit seulement d'une décoration dépouillée, facile à réaliser. Cela me semble tout à fait improbable. Les artisans ne choisissaient pas leurs symboles uniquement parce qu'ils étaient faciles à graver. Alors, quelle est donc sa signification ?

« Aujourd'hui, l'étoile de David est l'emblème d'Israël, mais il y a deux mille ans, tous les symboles juifs connus se référaient à Dieu et au Temple, pas au royaume d'Israël. Dans ces conditions, quel était le symbole d'Israël ? Pourquoi pas cette rosette omniprésente ? Je ne pose pas cette question par hasard. Pourquoi doit-on se la poser ? Parce que, dans le Cantique des Cantiques, Israël se désigne lui-même comme la "Rose de Sharon", et Dieu qualifie Israël de "rose parmi les épines". Cela signifiait qu'Israël, parmi les nations, restait fidèle à Dieu. Sur un ossuaire, en particulier à l'époque romaine, cela désignait probablement l'espoir d'un "Israël fidèle" parmi les épines.

« Quant au triangle, poursuivit Simcha, il en existe de nombreux exemples symbolisant la façade du Temple de Jérusalem. Sur les ossuaires les plus anciens, le triangle est soutenu par des colonnes. Toutefois, vers 70, quelques artistes avaient pris l'habitude de supprimer les colonnes en conservant le triangle. Après l'an 70 et la fin de la coutume funéraire des ossuaires, le triangle apparut dans les synagogues. Mais ce qui est unique avec le grand triangle inachevé de notre tombeau, c'est précisément qu'il est inachevé. C'est juste un chevron. Shimon Gibson pense que cela a un sens profond, mais il ignore lequel. Voici mon hypothèse : si un triangle complet symbolise le Temple, le triangle inachevé symbolise le Temple qui était destiné à être détruit et qui devrait être reconstruit à l'avenir, ainsi que Jésus l'avait prophétisé devant Matthieu.

« *Le Troisième Temple. Le Temple des temps messianiques, de la Fin des Temps.*

« Sous cet angle, le petit triangle et le cercle symbolisaient, quelques années avant le scellement du tombeau et la chute du Temple, un espoir de résurrection, pour le Temple comme pour Israël.

– Admettons, mais cela n'explique toujours pas comment il s'est retrouvé dans le tableau du Pontormo, dit James.

Le fait est que ce symbole réapparut soudain dans toute l'Europe, comme par une génération spontanée, *après* la première croisade au XIᵉ siècle. L'une de ses plus anciennes occurrences est visible dans une miniature peinte par le chanoine Lambert de Saint-Omer, *La Jérusalem céleste*. Elle lui avait été commandée pour illustrer un livre destiné à préserver les enseignements théologiques de la période des croisades. *La Jérusalem céleste* de Lambert de Saint-Omer comportait de nombreux cercles à l'intérieur de chevrons, le symbole qui surmontait le portail du tombeau de Talpiot.

Lambert n'était pas le seul à représenter ce symbole. On le retrouve souvent associé à des groupes hérétiques comme l'ordre des Templiers et plus tard les francs-maçons. C'est dans ce contexte historique que le symbole apparaît dans le *Souper à Emmaüs*, ce qui laisse penser que le secret du tombeau était toujours transmis à l'époque de Léonard de Vinci et du Pontormo.

De mystérieux visiteurs étaient entrés par effraction dans le tombeau voilà bien longtemps, peut-être à l'époque de la première croisade. La couche de *terra rossa* qui s'était accumulée sur un mètre de profondeur le prouvait indéniablement. Ces intrus n'avaient pas sac-

177

cagé l'intérieur du tombeau et, si tant est qu'ils aient dérobé quoi que ce soit, ce ne furent que quelques coupes et autres ustensiles courants dans les antichambres de ce type de sépulture.

Pour quelle raison ces objets auraient-ils été dérobés ? En règle générale, ces articles étaient fabriqués en terre cuite ou en pierre. Ils n'avaient aucune valeur... du moins matérielle. Plutôt que de piller le tombeau, il semble que les mystérieux visiteurs aient souhaité laisser quelque chose derrière eux. Ils ont introduit trois crânes dans la salle centrale, qu'ils ont disposés soigneusement sur le sol.

Luc (23, 33) indique que *trois* hommes furent crucifiés sur le Golgotha, mot qui signifie en hébreu « Lieu du crâne » (Matthieu 27, 33). Une « garde d'honneur » de trois crânes sur le sol du tombeau aurait pu symboliser l'épisode du Golgotha.

– Pures spéculations, objecta James. Les chevaliers du Temple se trouvaient bien à Jérusalem juste après la première croisade. On peut s'étonner qu'ils soient devenus si riches et si puissants en si peu de temps, à tel point que cela précipita leur perte, car trop de rois et d'évêques leur devaient de l'argent. Le roi de France décida de supprimer l'ordre des Templiers et fit massacrer la plupart d'entre eux, non sans leur avoir fait avouer auparavant, sous la torture, les pires hérésies. Quant à savoir de quoi ils étaient coupables...

En l'occurrence, on les accusait entre autres de rendre un culte à un crâne humain, celui de Jean-Baptiste. On disait aussi que les Templiers accomplissaient une cérémonie secrète dans laquelle un initié devait marcher sur un triangle et un cercle entourant un crâne et des os croisés. On les accusait enfin de s'être enrichis grâce à la découverte de reliques sacrées à Jérusalem, ce qui leur aurait donné un moyen de pression sur le Vatican.

Et si les accusateurs des Templiers avaient en partie raison ? Les Templiers, qui participèrent au massacre généralisé des Juifs et des Arabes pendant les croisades, auraient-ils découvert un petit groupe de judéo-chrétiens survivants ?

Cela n'a rien d'impossible quand on sait qu'un de ces groupes a survécu jusqu'au XXIe siècle en Irak. Les « mandéens », comme ils se désignent eux-mêmes, sont membres d'une secte ancienne qui suit les enseignements de Jean-Baptiste et rejettent Jésus. Si les mandéens ont pu survivre en Irak jusqu'à nos jours, pourquoi les judéo-chrétiens n'auraient-ils pu survivre à Jérusalem jusqu'au XIe siècle ?

La prise de Jérusalem par les croisés, selon les chroniqueurs chrétiens eux-mêmes, fut une effroyable tuerie où le sang coula à flots dans les rues, les synagogues et les mosquées. Dans ces conditions, il est possible d'imaginer que les chevaliers du Temple soient tombés sur un petit groupe de judéo-chrétiens qui, pensant leurs derniers instants arrivés, aient révélé leur véritable identité, tout comme Judas avait révélé ses secrets à Hélène au IVe siècle. Les Templiers auraient ainsi redécouvert les nazaréens-ébionites des siècles après leur exclusion du mouvement chrétien. Piqués par la curiosité, ils auraient pu épargner la vie de certains d'entre eux, qui, volontairement ou sous la torture, auraient révélé leurs secrets.

Une rencontre entre Templiers et nazaréens expliquerait beaucoup de choses, notamment l'intrusion dans le tombeau. Celui-ci était-il devenu brièvement un lieu de culte templier ? Les trois crânes le suggèrent. Les judéo-chrétiens avaient-ils converti les chevaliers de l'ordre du Temple à leur hérésie ? De fait, l'Église considérait les Templiers comme des hérétiques qui contestaient la divinité de Jésus. Des chefs templiers avaient-ils été enterrés dans ce tombeau, ce qui expliquerait la présence des trois crânes ? Quel meilleur moyen d'honorer ses chefs que de les inhumer dans l'authentique tombeau du Christ ? Enfin, les Templiers avaient-ils emporté un ou plusieurs crânes des ossuaires eux-mêmes ? Cela pourrait expliquer certaines des étranges accusations formulées à leur encontre.

Il se peut aussi que les Templiers aient introduit en Europe le symbole sculpté sur la façade du tombeau de Talpiot, ce qui expliquerait l'apparition soudaine du symbole de la pyramide et de l'« œil qui voit tout ». Détenaient-ils la preuve matérielle que l'ascension de Jésus n'était pas physique ? L'Église croyait-elle qu'ils étaient en possession du crâne de Jésus de Nazareth ?

Peu de documents sur le sort réservé aux chevaliers du Temple nous sont parvenus. Toutefois, l'un d'eux, le « parchemin de Chinon », suggère que le pape Clément V aurait absous le dernier maître des Templiers, Jacques de Molay, et les autres responsables de l'ordre. Ce document, daté du 17 au 23 août 1308, a été découvert en 2002 dans les Archives secrètes du Vatican par le Dr Barbara Frale.

Avant la découverte de ce parchemin, les récits sur la chute des Templiers à la suite d'accusations diverses – vénération d'un crâne, sorcellerie, messes noires, sacrilèges, sodomie, etc. – relevaient davantage de la légende que de la réalité historique. Alors que personne ne connaissait vraiment la nature des accusations portées à leur encontre, ce parchemin montre que les inculpés étaient accusés de cracher sur la croix et de s'adonner en secret à l'adoration d'une idole en forme de tête humaine.

Le vendredi 13 octobre de l'an 1307, Philippe IV, roi de France, avec le soutien du pape Clément V, fit arrêter simultanément deux mille templiers dans tout le pays, prélude à l'élimination totale de l'ordre.

Certains purent fuir et se réfugier dans des contrées hors de contrôle de la France et du Vatican. La petite flotte de l'ordre disparut en Méditerranée pour entrer dans la légende. Les Templiers seraient à l'origine du célèbre *Jolly Roger* – le pavillon pirate représentant un crâne humain au-dessus de deux os croisés – déformation du français « Joli Rouge ».

Au XXe siècle, en fouillant des tombeaux templiers, les archéologues remarquèrent que les jambes des chevaliers avaient été coupées et que, dans les ossuaires, les fémurs étaient croisés sous les crânes, sur le modèle du motif gravé sur les pierres tombales templières. D'où vient ce symbole, et établit-il un lien entre le tombeau de Talpiot et les Templiers ?

La longueur des ossuaires de Jérusalem varie en fonction de la taille des fémurs, les os les plus longs du squelette humain. Aujourd'hui encore, les archéologues qui ouvrent un ossuaire découvrent généralement un crâne, placé en dernier, et, dessous, des fémurs croisés. Les os plus petits, habituellement réduits en poussière, se trouvent sous les fémurs. Pour que les Templiers aient pu disposer les os de cette manière, il a bien fallu que les corps aient été exhumés *après* un enterrement primaire – à l'instar de la coutume jérusalémiste du Iᵉʳ siècle. Il est évident que cette pratique a exposé les Templiers à de graves ennuis.

En outre, si le symbole sur la façade fait référence à la promesse de Jésus – en tant que Messie juif – de construire un Troisième Temple « à la fin des temps », le lien entre le nom de « Templier » et le tombeau de Talpiot apparaît clairement. On a longtemps considéré que le nom de l'ordre dérivait d'une découverte archéologique faite par les chevaliers sur le mont du Temple à Jérusalem. Mais ne peut-on envisager qu'il provienne de leur conversion à une hérésie judéo-chrétienne centrée sur le tombeau de Talpiot et liée à l'espoir que Jésus reconstruirait le Temple sacré de Dieu ?

– Chapitre 11 –

LA REDÉCOUVERTE
Simcha Jacobovici

Mahane Yehuda, à Jérusalem, est un microcosme d'Israël, un marché où se mêlent Juifs et Arabes, rabbins et prêtres, religieux et laïcs. L'air était rempli de l'odeur agréable des *shawarmas* et des *falafels* tout juste frits. Légumes, fruits, huiles et poulets qui piaillent dans leurs cages, on peut tout trouver à Mahane Yehuda. Ma boutique préférée est celle d'un Juif yéménite, un guérisseur qui examine ses patients sous une tente en macramé, tout en leur soufflant de la fumée dans le nez. Selon son diagnostic, il leur prescrit l'un de ses merveilleux jus de fruit biologiques dont il a le secret. Jus de goyave, jus de grenade, jus de citron et toutes sortes de boissons exotiques permettent aux clients de se débarrasser d'une indigestion, de diminuer leur taux de cholestérol ou d'améliorer leurs performances sexuelles.

C'est au milieu de cette marée humaine que j'ai rencontré Yossi Mizrahi, le fils aîné de Moshe, le propriétaire de l'appartement construit au-dessus du tombeau de Talpiot. Moshe était inquiet à l'idée d'affronter une équipe de télévision étrangère. Il n'arrivait pas à comprendre notre intérêt pour le tombeau, mais comme il croyait que celui-ci lui portait chance, il accepta de nous rencontrer. En 1980, il avait pu acheter cet appartement pour une bouchée de pain car personne ne voulait vivre au-dessus d'une sépulture. « Moi, ça m'est égal », me dit-il. « Nous avons toujours reçu de bonnes énergies de ce tombeau », ajouta sa femme d'une voix fluette. Mais Moshe n'avait aucune envie d'être mêlé à des histoires concernant Jésus, ni de s'exprimer devant une caméra. Issu d'une famille de juifs orthodoxes iraniens, il imaginait, horrifié, une cohorte de chrétiens évangéliques américains faire la queue pour s'agenouiller en extase dans son patio. « Voyez donc avec Yossi », dit-il pour clore le débat.

Yossi s'occupe de la petite affaire familiale de fruits et légumes au marché de Mahane Yehuda. Élevé dans une famille juive orthodoxe, il est devenu encore plus religieux après son service militaire dans une unité de commandos. S'il n'a pas fait d'études universitaires, il n'en est pas moins très instruit. Il est curieux de tout, en particulier de tout ce qui concerne la religion et l'histoire.

— Qu'est-ce qu'il y a sous le patio ? me demanda-t-il lorsque nous nous sommes rencontrés.

— Je n'en suis pas sûr à cent pour cent, répondis-je, mais je crois que c'est en relation avec Jésus.

La conversation aurait pu s'arrêter là, mais Yossi était intrigué par ma personne : né israélien mais élevé au Canada, parlant l'hébreu, mais hésitant sur les mots du quotidien, juif orthodoxe ayant grandi dans un foyer séculier et connaissant mieux le marxisme que le Talmud.

— Pourquoi t'intéresses-tu à Jésus ? me demanda-t-il.

— Et toi, cela ne t'intéresse pas ?

Il me regarda comme pour me jauger, puis se mit à rire :

— Tu crois que Jésus est enterré sous le patio de l'appartement de mes parents ? questionna-t-il d'un air incrédule.

— C'est possible, dis-je, mais tous les ossuaires ont été transférés en 1980.

— Alors, pourquoi ce branle-bas ?

— Je pense que le tombeau recèle encore quelques secrets. Il n'a jamais été fouillé dans les règles. En outre, s'il s'agit vraiment du tombeau de Jésus, sa valeur historique est inestimable.

— Comment les chrétiens vont-ils prendre la chose ?

— Je ne sais pas. J'ai discuté avec des prêtres et des pasteurs. Je leur ai demandé comment ils réagiraient si l'on découvrait les restes de Jésus. L'un d'eux m'a dit que cela ébranlerait sa foi. Les autres m'ont dit que cela leur serait égal. Si l'on croit à une ascension physique, l'idée est dérangeante ; elle ne l'est pas dans le cas d'une ascension spirituelle.

— Et les Juifs ?

— Les Juifs ne croient ni à la divinité ni à la messianité de Jésus, mais seulement à son existence historique. Le Talmud la confirme, ainsi que Flavius Josèphe dans un passage consacré au frère de Jésus. Donc, si Jésus a vécu, la découverte de sa sépulture n'a rien de contradictoire avec les croyances juives. En outre, il serait assez logique que la famille de Jésus ait choisi la zone où se trouve aujourd'hui le quartier de Talpiot pour aménager une grotte funéraire. Talpiot se trouve à peu près à mi-chemin entre Bethléem, le lieu de résidence traditionnel de la famille de Jésus, et Jérusalem, le siège du pouvoir pour une famille revendiquant une ascendance davidique.

— Mais ne crois-tu pas que la communauté juive sera quand même exaspérée par cette découverte ? insista Yossi.

— Quand les Gentils en vinrent à considérer Jésus comme un dieu, les Juifs eurent tendance à vouloir l'effacer de leur histoire. Sans doute cela était-il nécessaire à une époque, mais plus aujourd'hui. Il n'y a aucune raison d'éclipser ainsi une partie de notre histoire. Rabbi Akiva croyait que Bar-Kokhba, le chef de la grande révolte juive du IIe siècle, était le Messie. Il se trompait. Mais a-t-on pour autant effacé rabbi Akiva, l'un de nos plus grands maîtres, de notre mémoire ?

— Que Dieu nous en garde !

— A-t-on pour autant effacé Bar-Kokhba de notre mémoire collective ? continuai-je.

— Mais nous l'aurions fait, si je te comprends bien, si on avait commencé à lui rendre un culte, répondit Yossi.

— Exactement. Si ce tombeau de famille se révèle être celui de Jésus, les juifs et les chrétiens pourront redécouvrir le Jésus historique, chacun avec sa propre perspective. Mais pour répondre à ta question, je ne crois pas que cette découverte archéologique puisse exaspérer les Juifs. De toute façon, le tombeau existe, nous ne l'avons pas inventé. On ne peut entreprendre des fouilles archéologiques ou en faire le compte rendu en s'inquiétant de ce qu'en penseront les uns ou les autres. Il faut simplement présenter les faits tels qu'ils sont, et tous ceux qui ont la passion de la vérité les accepteront, quelles que soient leurs croyances.

Après un long silence, Yossi s'enquit :

— Et comment comptes-tu pénétrer dans le tombeau ?

— En introduisant des caméras-robots dans les puits funéraires, ce qui nous confirmera qu'il s'agit bien du bon endroit. Ensuite, nous percerons un trou dans le mur de la chambre à coucher de tes parents et pénétrerons dans le tombeau.

Après que Yossi m'eut donné son accord de principe, je lui précisai quelques détails importants : tout d'abord, quel que soit le tapage médiatique qui pourrait résulter de nos recherches, je voulais m'assurer un accès exclusif au tombeau pour les prises de vue. Deuxièmement, je lui demandai de reloger provisoirement sa famille dans un hôtel pendant que nous examinerions le tombeau. Nous nous sommes mis d'accord sur le montant du dédommagement.

À son tour, Yossi me présenta ses propres conditions :

— Premièrement, notre famille ne doit pas être mentionnée dans le film. Deuxièmement, tu me tiendras au courant de ce que vous découvrirez sous notre maison et, troisièmement, il faut me fournir l'accord des autorités rabbiniques pour ce projet.

Cette dernière condition me fit frémir. En Israël, religion et politique sont indissociables. Les autorités rabbiniques et la communauté archéologique entretiennent des relations exécrables. Les archéologues sont souvent la cible de jets de pierre sur les sites funéraires, parce que les religieux les considèrent comme des profanateurs de sépultures. De leur côté, les archéologues considèrent les rabbins comme des obscurantistes dont les idées moyenâgeuses font obstacle à la science et au progrès... Yossi voulait que je me rende à Bné Brak, un bastion du conservatisme religieux en Israël. Il voulait que je rencontre le célèbre (ou tristement célèbre, selon les points de vue) rabbi Schmidl, le plus implacable ennemi des archéologues.

— Faisons un compromis, dis-je. Laisse-moi jeter un coup d'œil à travers les puits funéraires sans autorisation rabbinique, et ensuite, s'il y a vraiment un tombeau là-dessous, j'irai voir rabbi Schmidl avant d'y pénétrer.

Il accepta. Nous avons scellé notre entente en rédigeant un « protocole d'accord » au dos d'un set de table emprunté dans une gargote voisine. À présent, il ne me restait plus qu'à trouver le tombeau et à convaincre rabbi Schmidl de me laisser faire ce qui est légalement interdit à tout archéologue en Israël : pénétrer dans une ancienne grotte funéraire. Quelques semaines après mon accord avec Yossi, je retournai en Israël avec mon équipe.

Mon coproducteur, Felix Golubev, est originaire de Saint-Pétersbourg, l'ancienne Leningrad du temps de l'URSS. C'est un homme de taille moyenne, d'une quarantaine d'années, en bonne condition physique et affecté d'un début de calvitie. Il s'exprime avec un lourd accent russe et souffre de ce que les psychanalystes appellent une « compulsion de répétition », c'est-à-dire le besoin de vous demander vingt fois la même chose. Felix est aussi l'un des meilleurs producteurs de documentaires au monde, particulièrement méticuleux. Nous travaillons ensemble depuis des années.

En 1996, Felix et moi avons réalisé un film documentaire sur les dix tribus perdues d'Israël, qui fut diffusé dans le monde entier. Pour ce projet, nous sommes allés dans la région de la passe de Khyber, du côté pakistanais, et, pour couvrir davantage de terrain, j'ai décidé de scinder notre équipe en deux. Je suis donc parti vers le nord avec quelques membres de l'équipe, tandis que Felix, en compagnie de l'assistant-cameraman, prenait la direction de Quetta, au sud, une ville devenue tristement célèbre depuis les attentats du 11 septembre 2001, car elle abrite les quartiers généraux d'al-Qaida. À l'époque, nous savions qu'il y avait des types peu recommandables dans le coin, mais nous ignorions où ils se trouvaient exactement, tout comme la nature réelle du danger.

Felix craignait toutefois de rencontrer des talibans, le mouvement islamiste radical d'Afghanistan. Quelques jours plus tard, à la frontière afghane, à quelques dizaines de kilomètres de Quetta, Felix croisa un camion rempli de talibans armés jusqu'aux dents, qui le forcèrent à ranger sa voiture sur le bas-côté. Ils ne parlaient pas anglais et Felix ne parlait pas le pachtoune, mais, miracle, il réussit à gagner leur sympathie en parodiant une célèbre chanson d'Harry Belafonte, avec pour refrain *Mister Taliban* ! Les combattants talibans décidèrent alors de lui offrir une escorte armée durant tout son périple dans ce territoire, sans doute le plus dangereux au monde.

Pour le documentaire sur le tombeau de Talpiot, Felix recruta Itay Heled, un Israélien installé avec femme et enfants à Toronto. Itay est un homme très sérieux, au point de paraître dur. Pourtant, cet ancien parachutiste est un tendre qui aime écrire des livres pour enfants et, contrairement à la plupart des Israéliens, demande toujours la permission avant de faire quelque chose. Itay a longtemps travaillé pour l'industrie cinématographique israélienne. Chaque fois que nous avions besoin d'un service, par exemple d'un ouvrier du bâtiment pour aménager une ouverture dans un tombeau, Itay nous envoyait un membre de sa famille ou un ami pour effectuer le travail.

Bill Tarrant est un expert en caméras-robots. Nous n'avions pas les moyens de nous offrir ses services, mais Bill est juif et n'avait pas séjourné en Israël depuis des années. Il était donc ravi de cette occasion de pouvoir y revenir, surtout pour un projet aussi enthousiasmant : filmer lui-même le tombeau de Jésus.

C'était là le noyau dur de mon équipe. Bien sûr, nous avions toujours un cameraman, un preneur de son et un assistant avec nous, mais Felix, Itay et moi-même restions travailler longtemps après les autres, le soir, et nous mettions à l'œuvre le matin bien avant eux. Il y avait en permanence un millier de choses à faire : vérifier les plans architecturaux pour bien nous assurer que le percement d'une brèche dans le tombeau ne risquait pas d'entraîner l'effondrement du bâtiment ; rencontrer le syndicat des copropriétaires pour obtenir sa coopération ; obtenir de l'Autorité des antiquités israéliennes l'autorisation d'examiner les ossuaires de Talpiot... c'était sans fin. Il y avait toujours un problème à régler. Le père de Yossi tomba malade, les copropriétaires en eurent bientôt assez de la gêne occasionnée, l'AAI devint méfiante, et ainsi de suite.

Notre projet aurait pu capoter pour plusieurs raisons. En premier lieu, le syndicat des copropriétaires croyait que le patio des Mizrahi appartenait à la copropriété, de sorte que les dédommagements versés aux Mizrahi devaient être partagés équitablement entre tous. Mais les Mizrahi estimaient que cette affaire ne concernait qu'eux. Finalement, nous avons réussi à contenter les uns et les autres. Quant aux puits *nefesh*, qui relient normalement un tombeau à la surface, rien ne m'assurait qu'ils me conduiraient jusqu'au tombeau. Il arrive souvent que les entrepreneurs installent des puits qui ne mènent nulle part. Ainsi, tout le monde est satisfait : les rabbins, parce qu'ils croient que la tradition a été respectée, et les entrepreneurs qui peuvent reprendre tranquillement leurs travaux. Je n'étais donc pas assuré de pouvoir accéder au tombeau. Plus tard, un archéologue émit l'hypothèse que l'entreprise de bâtiment l'avait comblé avec du ciment pour éliminer le danger potentiel que représentait cette cavité. Si c'était le cas, nous pouvions dire adieu à notre projet.

En compulsant plusieurs rapports de l'AAI, nous apprîmes qu'à l'époque où le tombeau fut découvert, un autre avait été mis au jour par un bulldozer à vingt mètres au nord du premier. Le « second tombeau », ainsi que nous l'avons appelé, n'a jamais été excavé. Comme pour le premier, l'AAI fut prévenue et envoya Amos Kloner sur le site. Celui-ci commit une grossière erreur. Selon des employés de l'entreprise de bâtiment, il pénétra dans le tombeau, s'empara de l'ossuaire d'un bébé et versa son contenu sans autre forme de cérémonie pour alléger son fardeau. Malheureusement pour lui, des centaines d'étudiants d'une *yeshiva* (école rabbinique) voisine le surprirent durant cet acte impie et se ruèrent sur lui.

Affolé, le Dr Kloner se mit à courir tandis que les étudiants formaient un cercle protecteur autour du tombeau, afin que personne ne vienne perturber les défunts. L'affaire fut finalement résolue quand l'AAI, l'entreprise de bâtiment et les étudiants parvinrent à un compromis. Le tombeau resterait intact, serait à nouveau scellé et les travaux seraient poursuivis tout autour. Ce qui me chiffonnait, c'est que je n'arrivais pas à localiser ce second tombeau, qui aurait dû normalement se trouver à vingt mètres du patio. Nous avons fouillé toute la zone, sonné aux portes et exploré des buissons épineux, mais nous n'avons trouvé ni puits funéraires, ni la moindre trace d'une sépulture.

C'est ainsi que, le 25 juin 2005, l'esprit plein de tous ces problèmes non résolus, nous nous sommes retrouvés dans le patio des Mizrahi, pendant que Bill introduisait ses caméras dans les puits de quinze centimètres de large. Le premier ne menait nulle part. Il y avait à cela deux explications possibles : soit, comme nous le redoutions, il s'agissait d'un faux puits – installé par l'entreprise de bâtiment pour berner les rabbins –, soit ce tuyau conduisait à un « espace de purification » conçu pour créer une séparation rituelle entre le bâtiment et le tombeau. Nous avons alors essayé le deuxième puits, qui se révéla authentique. Nous avons heurté un obstacle à 4,20 mètres de profondeur. Cela pouvait signifier que la cavité avait été entièrement comblée avec de la terre et du ciment, ou alors que des débris s'étaient introduits dans le puits et l'avaient obstrué.

Nous avons tout essayé. Nous avons même tenté d'utiliser notre caméra, d'une valeur de cent mille dollars, en guise de bélier pour désintégrer ce bouchon. Rien n'y fit. Heureusement, Bill eut un trait de génie : « Faisons venir un plombier. » Sur le coup, cette idée m'a semblé incongrue pour pénétrer dans ce qui serait peut-être la plus grande découverte archéologique de tous les temps. Mais comme je n'avais pas de meilleur plan, nous avons cherché un plombier.

C'est bien connu, les plombiers sont toujours surchargés, et il nous a fallu deux jours pour en trouver un de disponible. Entre-temps, nous avons contacté le Dr Uri Basson, un spécialiste de l'imagerie sonar. Croyez-le ou non, les spécialistes du sonar sont moins occupés que les plombiers ! Et moins chers aussi. Le Dr Basson se présenta sur le site deux heures plus tard, sortit de son coffre un appareil qui ressemblait à un aspirateur relié à un ordinateur, puis se mit aussitôt au travail. Sa tâche consistait à vérifier s'il y avait bien un tombeau sous le patio et, si c'était le cas, qu'il n'avait été ni comblé ni détruit. Le Dr Basson passa méthodiquement son « aspirateur » sur toute la surface du patio et, environ deux heures plus tard, déclara qu'il y avait bien une cavité géante dans le sous-sol.

***

Jeudi 15 septembre 2005
De Simcha Jacobovici à James Cameron.
Compte rendu de terrain n° 1

Salut, James.
Nous avons installé la famille dans un hôtel et disposons à loisir de leur appartement.

Comme le patio est visible depuis de nombreux autres appartements, nous avons installé un auvent, sous prétexte d'un mariage prochain. Nous sommes donc totalement libres de nos mouvements et personne ne peut voir ce que nous faisons. J'ai l'impression de préparer un casse dans une banque !

À cause d'une combinaison d'erreurs humaines et de transformateurs défectueux, nous avons réussi à griller les commandes des caméras-robots dès notre deuxième essai. Nous attendons un nouveau système de commandes expédié d'Allemagne.

Nous avons pourtant réussi à introduire une sonde dans chacun des deux puits nefesh. *La deuxième sonde est descendue jusqu'à six mètres environ dans le conduit. Les images sont spectaculaires mais des débris bloquent le puits. Demain, si tout va bien, nous éliminerons l'obstacle. Nous allons faire venir un plombier pour libérer le passage.*

L'archéologue Shimon Gibson est au courant de notre présence. Il coopère pleinement tant que nous nous limitons à des activités de reconnaissance.

À bientôt,

Simcha

***

Le lendemain matin, Itay réussit à s'assurer les services du meilleur plombier de Jérusalem. Teddy avait tout : le savoir-faire, les outils, et même un pistolet fixé à la ceinture. Il savait également déboucher les tuyaux. Après avoir fourragé dans le conduit pendant une demi-heure à l'aide d'un câble métallique, il réussit à le débarrasser des débris. Nous pouvions enfin commencer notre travail.

Tandis que nous observions la scène sur le moniteur, Bill faisait descendre la caméra-robot dans le puits. Nous avions construit une sorte d'auvent au-dessus du patio afin de nous protéger des curieux. En outre, l'ombre créée par cet auvent rendait l'image plus nette. La caméra descendit jusqu'à 1,50 mètre... 3 mètres... 5 mètres. Rien. Mais le tombeau était situé profondément sous le patio, très profondément. À la profondeur de 6,50 mètres, nous vîmes soudainement l'extrémité du conduit. Notre joie fut indescriptible. Le puits qui était supposé permettre aux âmes des défunts d'aller et venir à leur guise nous offrait maintenant un accès à un autre monde. Je n'arrivais pas à le croire. Ce tombeau, comme tous ceux de Jérusalem où l'on pratiquait l'enterrement secondaire, était vieux de deux mille ans. Nous franchissions les barrières du temps. Je suppose que les explorateurs de l'espace ou des abysses doivent éprouver les mêmes sensations, quand ils passent brusquement d'un monde à un autre. Sur l'écran, je pouvais voir le bord du puits et la cavité au-delà. Nous avions réussi.

Bill régla la mise au point et le spot de la caméra-robot, à présent suspendue dans la cavité sous le patio. Je cherchai le chevron, le V renversé avec le cercle au milieu. Il me paraissait logique qu'un puits funéraire, supposé donner un libre accès aux âmes, soit placé à l'extérieur d'un tombeau, à côté de l'entrée. En contemplant les images, je fus abasourdi. Je vis un gâble et, alors que je cherchais un chevron, je tombai sur des *kokhim*, les niches funéraires. Mais que faisaient-elles donc *à l'extérieur* du tombeau ? Puis je vis les ossuaires. La caméra ne se trouvait pas à l'extérieur du tombeau, mais *à l'intérieur*. Nous étions en train de filmer un tombeau jérusalémite du Ier siècle, ce que personne d'autre avant nous n'avait pu faire. Un tombeau du temps de Jésus, en parfait état. Manœuvrer à distance la caméra pour explorer l'endroit fut une expérience magique. Toute l'équipe en avait le souffle coupé, jusqu'à ce que je me tourne vers eux :

— J'ai une bonne et une mauvaise nouvelle.

— Comment ça, une mauvaise nouvelle ? demanda Felix. Nous avons trouvé le tombeau !

— La bonne nouvelle, dis-je, c'est que nous sommes à l'intérieur de ce tombeau, et non à l'extérieur, comme nous le pensions.

— Mais alors, quelle est la mauvaise nouvelle ? s'étonna Itay.

— La mauvaise nouvelle est que notre tombeau aurait dû être vide puisque les ossuaires se trouvent à l'AAI. Bref, ce n'est pas le bon.

La jubilation initiale laissa place à un silence atterré.

— Mais alors, qu'y a-t-il donc sous ce patio ? reprit Felix.

— Je n'en ai aucune idée, murmurai-je, écartelé entre une profonde déception et l'excitation suscitée par cette nouvelle découverte.

196

— Vous ne comprenez pas ? lança Itay. Il s'agit du second tombeau. Le premier doit donc se trouver au sud de celui-ci.

— Il a raison, dis-je. Si nous n'avons pas trouvé le second tombeau à vingt mètres au nord comme prévu, c'est parce qu'il est ici. Notre tombeau doit donc se trouver à vingt mètres plus au sud.

Felix compulsa rapidement son dossier.

— Le rapport de l'AAI indique que le second tombeau a été découvert quand les ouvriers du chantier ont percé son plafond avec une conduite. Notre *nefesh* passe sans doute par cette conduite et ressort à l'intérieur du tombeau. Kloner avait dit que le second tombeau n'avait pas été excavé parce que son plafond était instable et risquait de s'effondrer.

— À l'époque, Kloner a peut-être raconté des histoires. Il ne voulait pas ébruiter l'affaire de l'ossuaire du bébé et la révolte des étudiants de la *yeshiva*.

— Selon le rapport interne de l'AAI, poursuivit Felix, il y a au moins trois inscriptions grecques sur les ossuaires du second tombeau, mais Kloner n'a pas eu le temps de les déchiffrer.

La tête me tournait. Ce n'était pas le bon tombeau, mais c'était tout de même une sépulture du Ier siècle. Et si elle était liée d'une manière ou d'une autre à notre histoire ? Et s'il y avait des apôtres ou d'autres membres de la famille de Jésus inhumés ici ? Après tout, les familles étaient regroupées dans une même zone. Certains des ossuaires observés avec la caméra-robot étaient très ornementés, magnifiquement sculptés. Les gens inhumés ici étaient des personnages importants. Et puis il y avait le « visage ». Sur l'un des ossuaires, celui qui présentait sur un côté une rosette sculptée, la patine semblait dessiner le visage d'un homme barbu, au regard fixe.

— C'est la patine, dis-je. C'est comme les nuages. On croit toujours y voir une forme qui évoque quelque chose.

— Peut-être, dit Felix, mais nous avons tous bel et bien vu le même visage, celui d'un homme barbu. Patine ou pas, ça me donne la chair de poule.

— C'est juste un motif de la patine, répétai-je, à moitié convaincu.

Nous avons passé une bonne demi-heure à explorer le tombeau avec notre caméra-robot. Le plan réalisé en toute hâte par Kloner vingt-six ans plus tôt était par la force des choses fondamentalement erroné. Il manquait par exemple les *kokhim*. Nous avons téléphoné au Dr Kloner pour lui faire part de nos découvertes. Il parut enthousiasmé, promit de garder le secret et demanda à examiner nos prises de vue. Plus tard, nous lui avons montré les bandes vidéo dans un restaurant de la terrasse du centre Begin dominant la Vieille Ville de Jérusalem. Entre deux plats, Kloner regardait les images sur un petit moniteur.

Bien sûr, un grand nombre de questions cruciales sur cette découverte attendaient des réponses, mais il nous fallait les mettre de côté pour le moment. Autour du second tombeau, il y avait quatre bâtiments, un jardin et un parking, et c'est quelque part dans cette zone que se trouvait ce que nous désirions tant découvrir, le tombeau de famille de Jésus. Jusque tard dans la soirée, avec Basson et son « aspirateur-sonar », nous avons essayé de localiser une cavité sous le sol, en décrivant des

cercles de plus en plus larges autour du second tombeau. Nous n'avons rien trouvé. Nous avons exploré
tous les égouts et introduit une caméra-robot dans tous
les conduits et passages aboutissant dans le jardin situé
au sud du patio. J'espérais que le tombeau ne se trouvait
pas sous le parking. Dans ce cas, nous ne pourrions
jamais y accéder car la cavité aurait été immanquablement comblée avec du ciment.

Les membres de l'équipe voulaient rentrer à l'hôtel ;
pour ma part, je ne pouvais me résoudre à arrêter les
recherches. En sautant d'un jardin privé à un autre, je
dus trop me rapprocher d'une fenêtre car un type surgit
soudain en brandissant un couteau à viande, persuadé
que j'étais un voyeur en train de reluquer sa femme.
Tandis qu'il me menaçait, j'essayai de le convaincre que
les seuls corps qui m'intéressaient étaient enfouis dans
le sous-sol depuis deux mille ans. Cette histoire était
trop énorme pour un mensonge et il rangea son arme,
en marmonnant quelque chose sur le sort qu'il me réser-
verait si je m'aventurais à nouveau sous sa fenêtre. Je
me dis qu'il était temps d'aller me coucher et rentrai à
l'hôtel. La découverte du tombeau devrait attendre.

***

Vendredi 16 septembre 2005
De Simcha Jacobovici à James Cameron, Charles Pellegrino et
James Tabor.

Salut à tous.

Un bref rapport du front. En fin de compte, il y a deux tombeaux dans la zone, à environ cinquante mètres l'un de l'autre ! Ils sont peut-être en relation.

Nous avons introduit les caméras-robots à l'intérieur. Ce que nous avons vu dépasse l'entendement. Petite précision : suite à un accord avec les autorités religieuses, les archéologues israéliens ne sont pas habilités à fouiller les tombeaux. Ils peuvent seulement opérer une archéologie de « sauvetage » si le tombeau a été ouvert par effraction par des pilleurs, ou s'il a été mis au jour accidentellement lors de travaux de construction. En conséquence, personne – je répète, personne – n'a jamais filmé en Israël un tombeau du Ier siècle en état quasi parfait. Rendez-vous compte... des ossuaires in situ dans un tombeau jérusalémite datant de l'époque de Jésus. Mais ce n'est pas notre tombeau.

En l'explorant, notre caméra-robot est restée bloquée à l'intérieur et nous sommes toujours en train d'essayer de l'extraire.

Finalement, aujourd'hui, nous avons procédé à des essais avec le radar pénétrant GPR dans les jardins et les allées en contrebas, et nous pensons avoir localisé le second tombeau. Nous explorerons la zone dimanche matin.

Je vous tiens au courant.
À bientôt,

Simcha

***

Le lendemain, nous étions de retour à Talpiot. Comme nous n'étions plus protégés des regards indiscrets par l'auvent dans le patio, nous devînmes le centre d'attraction de toute la copropriété, pendant que le Dr Basson s'activait au vu de tous avec son sonar. En Israël, tout le monde se mêle de tout sans vergogne, aussi m'a-t-il fallu expliquer les raisons de notre présence à vingt personnes différentes en l'espace de quelques heures. J'éludais les questions trop gênantes en disant sur le ton de la plaisanterie que je recherchais le tombeau de Jésus. Si j'avais de la chance, cette repartie avait pour effet de provoquer un rire étouffé chez le curieux ; sinon, il traînait dans les parages pendant un moment pour découvrir ce que nous étions *réellement* en train de chercher.

Entre-temps, Itay avait retrouvé l'un des contremaîtres qui avait participé à la construction du bâtiment, Efraym Shochat, à présent à la retraite. C'est un juif religieux, originaire d'Iran. Contrairement à la plupart des professionnels du bâtiment, ses convictions religieuses l'ont toujours incité à respecter les morts et à protéger les tombeaux mis au jour par ses bulldozers. En outre, il a toujours veillé à ce que ses ouvriers ne jettent pas à la poubelle les ossements découverts.

Shochat se souvenait des deux sépultures. Nous l'avons informé de la découverte du second tombeau sous le patio. Il a ri en se rappelant que son équipe n'avait pu l'éviter à cause des piliers du bâtiment déjà en place quand les ouvriers avaient percé son plafond.

— Il n'y a pas de bâtiments au-dessus du premier tombeau, dit-il. Nous avons construit plus loin.

— Pourrait-il se trouver sous le parking ? demandai-je.

– Non. Le parking est construit au-dessus d'une énorme citerne antique. Je l'ai découverte parce que, à plusieurs reprises, nous avons coulé du ciment qui disparaissait à chaque fois à cet endroit. J'ai cru que quelqu'un dérobait le ciment, alors j'ai fait ma petite enquête. En fait, il s'écoulait dans cette citerne souterraine, bien plus vaste qu'un tombeau. Finalement, nous l'avons comblée.

– Avez-vous coulé du ciment dans le premier tombeau ? demandai-je en retenant mon souffle.

– Oh non ! Le tombeau que vous recherchez se trouve probablement sous l'une des terrasses que nous avons réalisées pour consolider la pente.

Pour retrouver ses repères, il fallait que Shochat rejoigne la rue située en contrebas de la copropriété.

– Le quartier a bien changé depuis cette époque, me prévint-il, et moi, j'étais beaucoup plus jeune.

Il me conduisit entre deux bâtiments et leva le bras.

– C'est là-haut, me dit-il en désignant la première terrasse à partir du sommet de la colline. Il devrait se trouver là.

Je montai les marches quatre à quatre vers l'endroit indiqué, mais je ne vis rien de particulier. Il y avait là, au milieu d'un jardin, une imposante dalle de béton de 1,50 mètre sur 1,50 mètre. Le Dr Basson ne parvenait pas à déterminer ce qui se trouvait dessous, sinon probablement du métal. À ce point, Shochat émit l'hypothèse que le tombeau devait se trouver sous le petit jardin, derrière le tas de terre utilisée pour terrasser la colline.

– Si le tombeau est là, dit Sarael – un cousin d'Itay que nous avions embauché en prévision des travaux d'excavation –, nous sommes dans de beaux draps.

— Pourquoi ? demandai-je.

— Parce qu'on ne pourra pas se contenter d'un bull-dozer pour ouvrir un accès. Il faudra étayer l'ensemble pour éviter l'effondrement. Ça peut se faire, mais c'est un sacré boulot. Rien à voir avec le percement d'une paroi, comme le prévoit votre plan.

Le Dr Basson dirigeait maintenant son sonar sur les bords de la terrasse. Quant à moi, je grimpais d'une terrasse à une autre, en m'efforçant de suivre les indications de Shochat. Sarael s'amusait beaucoup, Itay était embarrassé et les voisins commençaient à s'attrouper. Il y avait une atmosphère de fête dans cet espace pay-sager entre les bâtiments. Soudain, une aveugle arriva sur les lieux, posa une main sur la dalle de ciment et dit :

— Le tombeau est ici. Là-dessous.

Je descendis de la terrasse supérieure pour la rejoindre.

— Comment pouvez-vous en être aussi sûre ?

— Je vis ici depuis le début, me dit-elle. Les archéo-logues avaient laissé le tombeau ouvert, et les gosses, pour s'amuser, ne faisaient qu'entrer et sortir. Je pense que les gens ont eu peur qu'un gamin ne se blesse, alors ils ont construit cette dalle au-dessus. Mais il est là, aucun doute.

— Que fait-on, alors ? demanda Felix.

— Sarael, dis-je, perce un trou de 60 millimètres dans le ciment. Toi, Bill, fixe l'une de tes petites caméras à cet endroit et voyons si cette dame a raison.

Sarael prit avec lui Anouar, l'un des deux ouvriers, et commença à forer.

— Il s'agit d'un site archéologique, protesta Itay. Il faudrait peut-être demander l'autorisation de l'AAI avant de commencer. En outre, nous sommes sur une propriété privée. Personne ne nous a permis de percer cette dalle.

— Une seule chose à la fois, dis-je. Selon la réglementation israélienne, on n'a besoin de l'autorisation de l'AAI que si l'on veut pénétrer dans un site actif, ou un site que l'AAI a fermé. Il y a plein de tombeaux et de grottes vides dans les parcs nationaux. De nombreux touristes y entrent et en sortent tous les jours.

— Mais il ne s'agit pas ici d'un site ouvert, objecta Itay.

— Il l'est en ce qui concerne l'AAI, dis-je. Tu as entendu cette dame. La dalle de ciment a été coulée par les habitants, pas par l'AAI. En fait, ce sont les habitants qui risquent des problèmes pour avoir condamné l'accès à un site ouvert. En aménageant une ouverture, on pourrait en réalité leur venir en aide.

— Tu aurais dû faire une carrière d'avocat, dit Felix en riant. Mais si les habitants ne voulaient pas de notre aide et refusaient de nous laisser toucher à ce qu'ils considèrent comme leur propriété ?

C'est à ce moment-là que Bill m'interpella. Je courus jusqu'à lui. Il était assis sur la dalle, sous une sorte de bâche en plastique pour se protéger du soleil. Je rampai sous la bâche et fixai mon regard sur son tout petit moniteur. Il me fallut quelques secondes pour m'habituer à l'obscurité, puis je distinguai quelques marches en fer rouillées. J'ignorais où elles conduisaient, mais cela avait l'air prometteur. Je repoussai la bâche sur le côté, Bill retira sa caméra et Anouar entreprit de colmater le petit trou. J'allai voir la dame aveugle :

— À qui appartient ce jardin ? lui demandai-je.

— C'est difficile à dire. La municipalité prétend qu'il lui appartient, mais je crois plutôt qu'il relève de notre copropriété.

— M'autorisez-vous à vérifier si, comme vous le dites, notre tombeau se trouve sous la dalle de ciment ?

— Bien sûr.

Je me tournai vers mon équipe :

— Fellas, prépare-toi à mettre en route les caméras. Sarael, commence à casser la dalle de pierre.

Alors que chacun s'activait, Amir, le preneur de son, se pencha vers Itay et lui murmura :

— Nous allons tous finir en prison.

— Je t'ai entendu, dis-je. Pour ta gouverne, sache que, selon la réglementation, nous n'avons pas à demander l'autorisation de l'AAI pour explorer un tombeau laissé accessible. En outre, d'après cette dame, le jardin appartient à sa copropriété et, en tant que membre du conseil syndical, elle nous donne l'autorisation de pénétrer dans le tombeau. Nous avions besoin d'une autorisation, nous l'avons. Nous ne commettons aucune violation de propriété. Dr Basson, restez avec nous, je vous prie.

Alors qu'Anouar commençait à attaquer le ciment à coups de masse, Felix se pencha vers moi et me dit à voix basse :

— Tu as raison. Si les flics débarquent ici, il vaut mieux qu'on ait avec nous un docteur ès sciences.

Il ne fallut pas longtemps pour casser le pourtour de ce qui se révéla être une plaque de fer recouverte de ciment. Mais elle semblait inamovible. Nous avons alors remarqué que la clôture de fer entourant le petit jardin était à certains endroits fixée à la plaque. À l'aide d'une scie électrique, nous l'avons rapidement désolidarisée de la clôture. Sarael, Anouar et les autres ouvriers essayèrent ensuite de pousser l'énorme pierre pour ménager une ouverture, afin que nous puissions jeter un coup d'œil dans la cavité. Soudain, le ciment céda et la pierre glissa de quelques dizaines de centimètres dans le jardin. Je jetai un coup d'œil dans la cavité en dessous et eus soudain la gorge serrée. À quatre mètres de profondeur environ se trouvait l'entrée du tombeau. Le linteau était orné d'un chevron et d'un cercle.

Je m'emparai d'une lampe torche et descendis les marches en fer que j'avais vues grâce à la mini-caméra. Je me retrouvai brusquement devant l'objet de ma quête. Je regardai vers le bas ; l'entrée était jonchée de débris. Pour pénétrer dans le tombeau, je dus ramper sur le dos. Il faisait noir comme dans un four et ça sentait le moisi. L'air n'avait pas pénétré à l'intérieur depuis presque trente ans. J'avais du mal à respirer et je me mis à tousser. Une bouffée d'air s'engouffra par la brèche au-dessus de moi et je pus reprendre mon souffle. Des particules de poussière dansaient dans le faisceau de ma lampe torche. À présent, Felix et John, le cameraman, m'avaient rejoint. Nous avons regardé autour de nous. Aucun doute : nous étions au bon endroit. Les six *kokhim* étaient exactement là où Gibson les avait reportés sur le plan. Il y avait également deux bancs creusés dans le roc, sur lesquels, si notre théorie était juste, les corps des membres de la famille de Jésus avaient été déposés le temps que leurs chairs se décomposent, avant l'enterrement secondaire. Sur l'un d'eux, il semblait y avoir une inscription, mais je n'en étais pas certain. Tout était recouvert d'une sorte de terre rougeâtre. Je réalisai alors que nous frôlions le plafond. En regardant de très près, je m'aperçus que les *kokhim* étaient apparemment remplis de... cadavres.

— Qu'est-ce que c'est ? murmura Felix.

— Je ne sais pas, répondis-je en chuchotant moi aussi.

Et c'est alors que je vis une paire de *tephillin* dans le faisceau de la lampe torche.

Les *tephillin*, ou phylactères, sont des bandelettes de parchemin sur lesquelles sont calligraphiés des versets de la Torah ; ils sont enfermés dans de petits cubes de cuir, placés au bout de bandes de cuir que les juifs portent à leur front et à leur bras pendant la prière du matin. L'acte de se lier avec les *tephillin* rappelle au juif qu'il doit être « attaché au service de Dieu, par son cœur, son esprit et sa force ». Les *tephillin* sont appelés *totaphot* dans le Livre de l'Exode – probablement un mot d'origine égyptienne. Les plus anciens spécimens ont été retrouvés dans la forteresse de Massada, sur les bords de la mer Morte, le dernier bastion de la résistance juive contre le Romains, qui tomba environ quarante ans après la crucifixion de Jésus.

— Felix, il y a des *tephillin* ici, dis-je.

— Anciens ? demanda-t-il.

— Non, modernes.

— Que font-ils donc ici ?

Je regardai autour de moi et compris soudain de quoi il s'agissait :

— C'est une *guenizah* !

Une *guenizah* est un espace de la synagogue réservé à la conservation des textes sacrés – par exemple des livres de prière – endommagés et donc inaptes à l'usage liturgique. Ces textes doivent être inhumés comme des êtres humains. La *guenizah* est donc une sorte de chambre funéraire pour les textes sacrés. Les autorités rabbiniques ont du mal à trouver de la place pour conserver leurs textes endommagés. En 1980, des rabbins, en apprenant que l'AAI avait abandonné une chambre funéraire vide, ont dû transformer la sépulture en *guenizah*, puis la sceller avec l'aide d'habitants du quartier, inquiets de voir leurs enfants risquer de se blesser en jouant dans le tombeau. Les « cadavres » que j'avais cru voir dans les *kokhim* étaient des sacs de toile remplis d'écrits sacrés en voie de décomposition.

À ce moment-là, alors que je me trouvais au milieu de piles de textes qui s'écroulaient au moindre contact, je réalisai que je tenais entre mes mains un exemplaire endommagé du Livre de Jonas. C'était l'un des textes ensevelis vingt-six ans auparavant par les religieux dans leur nouvelle *guenizah*. Ironie de la situation, dans l'une de ses paraboles, Jésus avait dit à ses disciples que le seul indice qu'il leur laisserait concernant sa mission sur terre serait le « signe du prophète Jonas ». Les théologiens chrétiens ont toujours interprété cette parabole ainsi : tout comme Jonas avait passé trois jours dans le ventre de la baleine, Jésus prédisait qu'il passerait trois jours dans le « ventre » du tombeau, avant de ressusciter. J'avais étudié ce passage de Luc parce qu'il me semblait que Jésus suivait l'exemple de Jonas en s'embarquant pour le mystérieux « pays des géraséniens ». Ce fut un voyage fatidique, décrit dans l'Évangile de Matthieu, au cours duquel Jésus apaisa une grande tempête, et où, dans la nécropole de Gérasée, il exorcisa deux hommes habités par des démons, qu'il fit entrer dans un troupeau de pourceaux (Matthieu 13, 53 ; 8, 24-27 ; Marc 4, 35-41 ; Luc 8, 22-25). C'était un code. Chose étrange, parallèlement à la recherche du tombeau, j'avais poursuivi des recherches sur cette métaphore. À présent, je rampais au-dessus d'une demi-douzaine de Livres de Jonas, dans le ventre de ce qui était vraisemblablement le tombeau de Jésus.

J'appelai le Dr Gibson pour lui demander s'il pouvait venir immédiatement à Talpiot, en lui indiquant seulement que le tombeau ne se trouvait pas sous le patio des Mizrahi. Alors que nous filmions le caveau en attendant le retour de Gibson sur le site qu'il avait fouillé autrefois, c'était la panique au-dessus de la grotte funéraire. Les habitants d'un bâtiment voisin avaient appelé la police. Je montai quatre à quatre les marches en fer rouillé et tombai face à une foule d'habitants en colère, dont l'un essayait de débrancher nos câbles électriques.

— Qu'est-ce que vous foutez donc ici ? cria l'arracheur de câbles.

— Un film, répondis-je, et vous feriez mieux de ne pas toucher à notre matériel.

— Vous osez me menacer ? J'ai appelé la police et je vais porter plainte pour violation et déprédation d'une propriété privée, dit-il en s'acharnant sur les câbles qui alimentaient les projecteurs que nous venions d'installer dans le tombeau.

— Si vous continuez à trafiquer nos câbles, vous devrez ajouter l'accusation de « voies de fait » à votre plainte, dis-je.

Le sang me montait à la tête et je lui arrachai les câbles des mains.

Ce fut alors une scène typiquement moyen-orientale entre les habitants et l'équipe. Les habitants firent marche arrière en disant qu'ils attendraient la police.

— Qui vous a donné l'autorisation ? me demanda l'un d'eux.

— Shoshana, répondis-je en désignant du doigt la dame aveugle.

— Elle n'est pas habilitée à le faire, me répondit-on.

— Ce n'est pas mon problème, dis-je alors que la police arrivait sur les lieux.

Au même moment, des occupants du bâtiment de Shoshana vinrent nous soutenir. La scène semblait beaucoup amuser les flics, qui appelèrent en renfort la police montée. Ils pensaient se rendre sur les lieux d'une banale dispute entre copropriétaires et voilà qu'ils découvraient un ancien tombeau, une équipe de télévision et plusieurs dizaines de résidents prêts à en découdre pour revendiquer la propriété de ce petit bout de jardin.

— Commençons par le commencement, temporisa l'officier responsable de la patrouille. Qui a appelé la police ?

— Moi, fit l'arracheur de câbles avant d'expliquer que j'étais la source de tous les problèmes parce que j'avais violé et endommagé sa propriété privée.

— Qui êtes-vous ? demanda le flic en se tournant vers moi.

— Je représente plusieurs chaînes de télévision étrangères et je suis assisté par ce scientifique, dis-je en impliquant bien malgré lui le pauvre Dr Basson.

Il y eut alors une heure de palabres et de cris de tous côtés. Finalement, le policier estima que l'arracheur de câbles était en droit de porter plainte, mais qu'il devrait s'attendre à une longue procédure. La détermination de l'intéressé faiblit provisoirement, et je sautai sur l'occasion pour lui dire :

— Écoutez, des kamikazes se font sauter chaque semaine ou presque à Jérusalem, et nous, nous nous disputons comme des chiffonniers pour une vétille. Je vous fais une proposition : vous me donnez rétroactivement votre autorisation, et moi en échange, je vous aménage une petite aire de jeu pour les enfants, juste ici, à côté du tombeau.

L'arracheur de câbles réfléchissait intensément à mon offre quand son fils arriva. Il se trouve que ce dernier connaissait le Dr Basson et il réussit à persuader son père d'accepter. Bientôt, nous étions tous amis et on alla chercher des rafraîchissements. La police observa le tournage, nous signâmes un accord d'exclusivité pour l'accès au tombeau et les enfants manifestèrent leur joie à la perspective de leur nouvelle aire de jeux.

Ignorant tout de ce qui se passait, le Dr Gibson arriva sur les lieux.

Il regarda en bas, visiblement ému. Ce tombeau revêtait une grande importance pour lui. Il en était l'un des découvreurs et il en avait dressé le plan alors qu'il débutait tout juste sa carrière d'archéologue.

— Je souhaiterais t'interviewer ici, dis-je.

Gibson hésita.

— Je travaille dans ce pays, répondit-il. Il me faut l'autorisation de l'AAI.

— Il s'agit d'un tombeau ouvert.

— Sur la forme, tu as raison. Pour ma part, je dois tout faire dans les règles. Si tu veux m'interviewer ici, je dois les appeler et obtenir leur autorisation.

Shimon Gibson appela l'AAI, on lui répondit que rien ne s'opposait à ce projet, et nous descendîmes dans le tombeau ensemble. Il évoqua devant moi ses souvenirs, puis nous sommes ressortis.

Après son départ, nous avons continué à filmer et à explorer le tombeau. Nous ne savions pas si nous en aurions à nouveau l'occasion. Le soleil se couchait et tous les habitants rentrèrent chez eux. J'essayai d'obtenir une bonne prise de vue de ce qui m'apparaissait comme une inscription, quand j'entendis du vacarme au-dessus. En remontant à la surface, je me retrouvai face à la contrôleuse régionale de l'AAI.

— Vous n'avez pas l'autorisation de pénétrer dans ce tombeau, me dit-elle. Je vous prie de le refermer immédiatement.

Comme je devais l'apprendre, une employée de l'AAI habitait juste en face du tombeau, mais elle ignorait qu'il y avait là un site archéologique. En nous voyant, elle avait averti ses supérieurs. Le responsable qui lui répondit décida de ne tenir aucun compte de l'autorisation donnée au Dr Gibson de pénétrer dans le tombeau. Nous devions donc déguerpir.

Même si l'exploration devait s'arrêter là, nous avions accompli tout ce que nous avions prévu. Nous avions trouvé deux tombeaux, peut-être liés entre eux. Nous les avions tous deux filmés, explorés, et en avions établi les plans. Nous avions même fait revenir l'un des découvreurs du tombeau sur le site. Mais il était très tard.

Nous étions fatigués et nous n'avions plus la force de nous battre. Aussi avons-nous rangé notre matériel et remis la dalle en place dans une pluie d'étincelles. L'endroit avait repris son aspect de petit jardin fleuri orné d'une dalle de ciment au milieu.

Quand tout fut rangé dans nos camions, je contemplai le site depuis le parking. Le quartier s'apprêtait à s'endormir. Derrière moi, au loin, se trouvait la Vieille Ville de Jérusalem, droit devant moi Bethléem, et plus bas, sous la dalle de ciment, vraisemblablement l'une des plus grandes découvertes jamais faites.

***

Dimanche 18 septembre 2005
De Simcha Jacobovici à James Cameron, Charles Pellegrino et
James Tabor.

Nous l'avons trouvé ! Nous avons profité d'une occasion unique, cassé le plafond du tombeau et y avons pénétré. Nous avons informé Shimon et il est venu. Il a demandé l'autorisation de l'AAI, qui nous l'a accordée. Ensuite, les voisins, la police, tout le monde a débarqué. Puis les agents de l'AAI sont arrivés et nous ont ordonné de fermer le site. Mais, heureusement, nous avons vu et filmé tout ce qui nous intéressait. Désolé que vous n'ayez pu être présents, mais l'occasion était vraiment unique. Je vous en dirai plus ultérieurement... Nous avons conclu un accord avec les résidents, et même avec l'AAI. Je suis épuisé. Le tombeau est à nouveau scellé.

Bien à vous,

Simcha

***

***

Dimanche 18 septembre 2005
De Charles Pellegrino à Simcha Jacobovici.

J'ai tant de questions à te poser ! En l'absence d'échantillons de la couche de silt, la patine, qui s'est accumulée depuis près de 2 000 ans, devrait nous en apprendre beaucoup sur l'histoire chimique et bactérienne du tombeau. Comme tu le sais, chaque tombeau a une patine unique. As-tu été en mesure de recueillir un échantillon de la patine des parois du tombeau ? Un ou deux échantillons de l'épaisseur d'un ongle, c'est tout ce dont nous avons besoin. Pourvu que tu me répondes oui ! J'espère que tu pourras retourner dans le tombeau. J'ai parfois l'impression qu'il serait plus facile à atteindre s'il se trouvait à 4 000 mètres au fond de la mer. Là-bas, bien sûr, il nous faudrait affronter les forces de la nature, mais je préfère mille fois ses lois à celles des hommes, au comportement souvent imprévisible. Avec la nature, on sait toujours à quoi s'en tenir. J'espère vraiment que l'on pourra retourner dans le tombeau. Je n'ai besoin que de dix minutes. À plus tard.

Charles

***

***

Lundi 24 octobre 2005
Simcha Jacobovici à Charles Pellegrino.

Charles,

Nous n'avons pas pu prélever un échantillon de la couche de silt. Je crains qu'aucune couche de silt originelle n'ait survécu. Comme je te l'ai dit, le tombeau est rempli sur un mètre de profondeur de livres de prière et de rouleaux de la Torah. Il a été transformé en guenizah, un lieu réservé à la conservation des textes sacrés. C'est émouvant, mais cela gêne considérablement l'analyse des silts... J'ai prélevé un morceau de patine sur la paroi, un échantillon d'un centimètre de diamètre. Je l'ai mis dans un récipient en plastique, que j'ai à son tour fourré dans la poche à fermeture Éclair de mon pantalon – pour le mettre à l'abri, tu comprends... Comme tu le sais probablement, les vêtements ne sentent pas très bon après un séjour dans un tombeau humide. Quand je suis rentré chez moi, épuisé, ma femme a pris mes vêtements avec tout ce qu'ils contenaient et les a mis aussitôt dans la machine à laver. Désolé, mais c'est râpé pour l'échantillon de patine. Mais nous retournerons à nouveau dans le tombeau dans quelques semaines. J'ai établi d'excellentes relations avec les résidents, ceux-là mêmes qui ont failli m'étrangler le mois dernier ! Nous explorerons le tombeau ensemble et tu pourras effectuer toutes les analyses que tu voudras.

À bientôt,

Simcha

***

En 1535, Charles Quint, souverain du Saint-Empire romain germanique, à la tête d'une flotte de navires espagnols et italiens, s'empara du port de Tunis après avoir détruit une grande partie de la flotte ottomane. Peu après, il forçait les portes de la ville. Soliman le Magnifique, ayant appris que l'empereur envisageait de lancer une nouvelle croisade, ordonna à l'architecte ottoman Sinan Pacha de reconstruire les remparts de Jérusalem, pour répondre aux nouvelles conditions de combat imposées par l'introduction de l'artillerie. Charles Quint mit six ans à consolider son emprise sur le port de Tunis et à transformer sa flotte en une coalition internationale. Entre-temps, Jérusalem avait été fortifiée par ses nouveaux remparts et ses nouvelles tours défensives, tels qu'on peut les voir encore aujourd'hui. La ville ne devait jamais subir les bombardements de l'artillerie de Charles Quint, car en octobre 1541, une série de terribles tempêtes automnales détruisit en grande partie sa flotte.

Les registres de l'impôt de Jérusalem indiquent qu'à cette époque 557 chrétiens grecs orthodoxes vivaient de manière permanente dans la ville, aux côtés de 216 membres de l'Église arménienne, de 176 chrétiens coptes égyptiens, de 92 membres de l'Église syriaque et de moines franciscains. Ludwig Tschudi, un pèlerin suisse, nota dans son journal que les Grecs orthodoxes s'exprimaient en arabe et vivaient comme les musulmans, leurs prêtres pouvant se marier et avoir des enfants, à l'image des imams.

Les Grecs orthodoxes de Jérusalem différaient des chrétiens d'autres obédiences sur un autre détail : ils vénéraient Marie Madeleine presque autant que Marie, la mère de Jésus. Ainsi, ils célébraient chaque année Marie de Magdala, la « Sainte Myrrhophore et Égale-aux-Apôtres ».

– Chapitre 12 –

LES VOIX DU TEMPS [1]
Charles Pellegrino

La visite de l'entrepôt de l'AAI nous laissa le sentiment d'une catastrophe imminente. Il contenait
d'innombrables rangées d'ossuaires, tous datés et numé-
rotés, empilés du sol au plafond. Les ossuaires du site
IAA 80/500-509 étaient rassemblés dans coin sombre,
à l'exception de ceux de Judas et de Marie, qui avaient
été transférés au musée d'Israël. Ils étaient disposés sur
trois étagères.

L'ossuaire de Matthieu avait été endommagé sur un
côté, et j'ai recueilli un échantillon de patine qui s'était
détaché et avait préservé un fragment de calcaire. Il
semblait que l'on avait récuré et passé à l'aspirateur
l'intérieur de l'ossuaire de Matthieu, car on y retrouva
seulement quelques centaines de milligrammes de maté-

---

1. *Les Voix du temps*, nouvelle de James Graham Ballard publiée dans
Cauchemar à quatre dimensions, Paris, Denoël, « Présence du Futur » n° 82,
1965.

219

riau organique ou de débris divers pour de futures analyses en laboratoire.

L'ossuaire de Mariamne était différent. La *terra rossa* s'était amalgamée à une couche minérale d'environ un millimètre d'épaisseur, déposée sur les parois internes. L'AAI n'avait pas fait le ménage. Les bactéries, en accumulant les minéraux et en les fixant, avaient formé des concrétions plates et concentriques, en forme de crêpes. À la loupe, je pus voir que les concrétions avaient préservé des petits bouts de fibres (de linceul ?), de minuscules fragments d'os, et ce qui paraissait être des vestiges microscopiques et partiellement fossilisés d'un bois en grande partie désintégré.

Ensuite, j'examinai l'ossuaire marqué d'une sorte de croix à côté des mots « Jésus, fils de Joseph ». La couche minérale au fond semblait contenir beaucoup moins de débris organiques que l'ossuaire de Mariamne, et moins que les autres ossuaires également. On y décelait néanmoins des concrétions en forme de crêpes, dont chacune était susceptible de contenir, en son centre, une petite pépite de débris organiques fossilisés et peut-être un fragment d'os ou de tissu taché de sang.

J'avais espéré prélever sur le coffre de pierre un échantillon de la patine, mais, contrairement aux ossuaires « Matthieu » et « Mariamne », il n'y avait pas de cassures nettes qui auraient laissé de minuscules éclats au fond. Impossible de recueillir le moindre fragment. Le gardien de l'AAI me dit que si j'avais *vraiment* besoin de prélever un échantillon, il m'en donnait l'autorisation. Mais je ne pouvais décemment pas. La seule pensée de racler l'ossuaire de Jésus me paraissait un acte de vandalisme.

Deux heures plus tard environ, l'ossuaire me livra un échantillon « de son propre chef » quand un incident me donna le sentiment d'avoir tenu le Graal entre mes mains avant de le voir se fracasser. En fin d'après-midi, un gardien et un assistant étaient en train de charger la précieuse relique dans une caisse tapissée de mousse protectrice. Pendant que l'on filmait la manœuvre, l'ossuaire se cassa en deux et, une fraction de seconde plus tard, sembla imploser.

Lors d'expéditions, j'ai vu du matériel vidéo, des projecteurs et des robots sous-marins valant des centaines de milliers de dollars se fracasser. Ce genre d'événement provoque instantanément une bordée de jurons. Dans le cas de l'ossuaire de Jésus, les caméras témoignent seulement de longues secondes d'un silence abasourdi.

Quand je me suis enfin approché du coffre brisé, je remarquai sur le dessus un éclat de calcaire d'environ deux centimètres de long, de section parfaite, laissant apparaître la matrice et la patine. Je vis immédiatement qu'il entrerait facilement dans mon flacon d'échantillons. Cette fois, je le prélevai sans hésitation.

Le gardien avait l'intention de placer les morceaux de l'ossuaire dans une caisse en bois, de clouer le couvercle, puis, à l'aide d'un chariot élévateur, d'aller le ranger dans l'attente d'une réparation ultérieure. Avant l'opération, Simcha et moi avons insisté pour envelopper délicatement chaque morceau de l'ossuaire dans du papier avant de le placer dans la caisse. Dans la salle à nouveau silencieuse, Simcha découvrit que l'inscription « Jésus, fils de Joseph » était parfaitement intacte, sans même une éraflure. J'eus la chair de poule quand

221

il me montra que le choc avait séparé le nom « Jésus » de la marque en forme de croix.

Étrange, mais pas inexplicable. J'ai revu mes propres prises de vue d'avant l'implosion de l'ossuaire, c'est-à-dire au moins deux heures avant. Elles révèlent une minuscule fissure dans la pierre entre la croix et l'inscription. Je suis certain qu'elle est à l'origine de la rupture en deux de l'ossuaire. Il n'y a là aucun mystère[1].

Le mercredi 14 décembre 2005, nous sommes entrés dans le tombeau. La dalle de béton et de fer fut à nouveau déplacée. Les tonnes de livres de prière en état de décomposition avaient remplacé la couche de *terra rossa*, couvrant à peu près la même hauteur que celle indiquée dans les croquis de Shimon Gibson. L'air était infesté par le pourrissement de ces livres et, quand l'ouverture fut suffisante pour permettre le passage, les particules de poussière de papier furent expulsées de l'antichambre par un courant d'air. Quelques fragments plats et plus grands scintillaient comme des flocons de neige dans les premiers rayons du soleil. Nous vîmes alors bouger d'autres formes au fond du tombeau : des araignées aussi grosses que des noix.

Le grand symbole de l'antichambre était facile à voir, mais je crus en distinguer un plus petit, sous le large cercle. Il s'agissait peut-être à l'origine d'un triangle avec un cercle de la taille d'une noisette en son centre, mais je n'en étais pas sûr.

---

1. À l'heure où j'écris ces lignes, l'ossuaire a été restauré par les spécialistes de l'AAI.

Des eaux de ruissellement s'étaient récemment infiltrées et l'intérieur était envahi d'humidité. En ce qui me concerne, je découvrais pour la première fois la sépulture. L'atmosphère différait de celle qui régnait lorsque Simcha s'y était introduit précédemment. Le niveau d'oxygène était alors très bas et il avait eu l'impression d'étouffer. Aussi s'était-il cru victime d'hallucinations lorsque les fragments de papier couverts de caractères hébraïques s'étaient mis à flotter devant ses yeux.

Il fallait faire vite. Des riverains avaient déjà eu vent de notre intrusion et l'on pouvait s'attendre à tout moment à l'arrivée des autorités religieuses, qui nous ordonneraient immanquablement de déguerpir.

J'avais besoin de dix minutes, juste le temps de recueillir suffisamment d'échantillons de patine sur les parois du tombeau. J'avais passé en revue, les yeux fermés, la place de chaque outil et de chaque récipient à l'intérieur de mon sac, ainsi que mes deux caméras vidéo, avec une de secours, au cas où la première fonctionnerait mal, pour filmer chaque échantillon dans son environnement. Si l'on n'apportait pas la preuve que la patine des murs avait la même composition chimique que celle des ossuaires, il n'y aurait aucun moyen de prouver que ceux-ci appartenaient bien à ce tombeau.

Alors que je me trouvais au fond du puits qui précède l'antichambre, juste avant de me laisser glisser sur le dos dans le tombeau, je dus remonter à la surface. Simcha se trouvait dans la salle centrale avec les caméras et le photographe Steve Quayle. L'air devenait par intermittence irrespirable et il fallait un certain temps pour le renouveler. Cette contrainte entraînerait un retard de

près d'une heure. Bientôt, les gens rentreraient du travail, des voisins se rassembleraient en nombre autour
du site, menaçant de mettre un terme à l'opération avant
que j'aie eu le temps de recueillir mes échantillons. Dix
minutes à l'intérieur, c'était tout ce dont j'avais besoin.

À 16 heures, l'air était à nouveau respirable et les
prises de vue, en bas, étaient presque « dans la boîte ».
Deux minutes après mon arrivée dans la salle centrale,
nous entendîmes des cris étouffés provenant de la surface. En fait, ils ne nous concernaient en rien, mais,
craignant d'être forcés de sortir à tout moment, je me
mis immédiatement à recueillir et à répertorier les
échantillons. En dix minutes, les échantillons les plus
importants étaient « dans le sac ».

C'est alors que Simcha, qui me tournait le dos pour
choisir les angles d'éclairage en compagnie de Steve, me
demanda :

— Charles, mais qu'est-ce que tu fous ?

— Je finis de recueillir mes échantillons, dis-je en
poursuivant ma tâche.

— Mais je voulais te filmer pendant que tu le faisais !

Le ton de sa voix trahissait une immense déception.

— Je suis désolé, mais ça n'est pas grave. Crois-moi,
il me reste encore pas mal d'échantillons à prélever, et
tu pourras alors filmer comme tu veux.

En réalité, je craignais que l'humidité et les bactéries
— qui avaient d'ores et déjà attaqué le papier des livres
de prière — n'aient pénétré partout, et peut-être modifié
la composition de la patine. Shimon Gibson avait confié
à Simcha que, lorsqu'il était entré dans le tombeau en
1980, les murs étaient d'un blanc crayeux et, par
endroits, rougeâtres. En fait, il s'est avéré que les bac-

téries dans l'atmosphère s'étaient simplement posées sur la patine du tombeau et qu'une fois séchée celle-ci avait pris une très légère teinte rougeâtre.

Je songeais à l'éventualité de l'altération de la patine, tandis que Simcha s'inquiétait toujours des prises de vue manquées pendant mon premier prélèvement, quand surgit un nouveau problème. La pierre calcaire était elle-même si saturée d'humidité qu'elle n'avait pas plus de consistance que de la pâte à modeler. Je pouvais recueillir la plupart des échantillons à l'aide d'un simple couteau en plastique. Et c'est là que résidait le problème.

Le temps que Simcha mette sa caméra en place, je remarquai quelque chose de bizarre au milieu du plafond de la salle centrale. Les marques au burin dans le roc étaient aussi anciennes que Jésus et pourtant elles paraissaient très récentes. Je décidai d'en avoir le cœur net et plantai mon couteau dans le plafond, qui s'enfonça presque sans résistance.

— Mes amis, je crois qu'il va falloir nous montrer plus prudents dans nos déplacements ici.

J'enfonçai à nouveau ma lame, plus délicatement cette fois. Steve poussa un sifflement.

Un plafond qui portait des marques récentes de burin, alors qu'il avait deux mille ans, dans un lieu qui semblait solide comme le roc, mais qui était plus mou que de l'argile, tout cela était très inquiétant.

Au rythme des saisons, les parois du tombeau avaient dû être imbibées d'eau et ramollies une à deux fois par an pendant près de deux mille ans. Situé au cœur d'un quartier soumis à d'incessants travaux de construction depuis les années 1980 et à une circulation intensive de camions sur la route toute proche, dans l'une des zones les plus sismiques de la planète, le plafond avait pourtant tenu. Quelque chose me disait que la craie de Jérusalem avait quelques secrets à nous révéler.

***

Les XVIIe et XVIIIe siècles s'étaient déroulés sans événement notable, puis le déferlement des armées conquérantes avait repris. Il semblait destiné à ne jamais s'arrêter, tandis que, sous terre, un processus géologique silencieux établissait un pont entre le passé et le futur. Si quelqu'un était descendu dans le tombeau de Jésus, il aurait pu observer une minuscule forêt de cristaux d'apatite et de verre minéral, aussi magnifique qu'un paysage microscopique de flocons de neige. Sous cette couche de cristaux — et protégés par elle —, des fibres de tissu, issues des lambeaux d'un linceul, mélangées à des sécrétions organiques, des fragments d'os humains et des moisissures noires, contenaient de l'ADN.

***

– Chapitre 13 –

BIENVENUE À GATTACA[1]

Les fragments d'os des ossuaires IAA 80/500
– « Mariamne alias le Maître » – et IAA 80/503 – « Jésus,
fils de Joseph » – avaient été préservés au cœur des
concrétions minérales, au fond des coffres de pierre.
Les plus gros fragments n'étaient pas plus larges qu'une
dent humaine.

Les individus qui partagent une même sépulture sont
généralement liés par le sang ou par le mariage. En ce
qui concerne Jésus de Nazareth et Marie Madeleine,
tous les écrits – qu'ils soient canoniques ou apocryphes – s'accordent pour exclure la première hypothèse.
S'il s'agissait bien des restes de Jésus de Nazareth et de
Marie Madeleine, les analyses ADN devaient donc
confirmer que les deux personnes inhumées dans ces
ossuaires *n'étaient pas* apparentées.

Thunder Bay, dans l'Ontario, n'est pas une destina-
tion touristique. L'hiver, la température chute jusqu'à

---

1. D'après le titre du film de science-fiction d'Andrew Niccol réalisé
en 1997, dans lequel des entreprises recourent à des analyses ADN pour
sélectionner leurs employés. (*N.d.T.*)

moins trente degrés. Pourtant, les étudiants affluent à l'université de Lakehead. Si elle n'offre pas le climat de la Californie, l'institution s'enorgueillit de posséder l'un des cinq meilleurs laboratoires de paléontologie génétique au monde, spécialisés dans l'extraction de l'ADN de résidus humains. James Tabor est un ami du Dr Carney Matheson, l'un de ses directeurs.

Les échantillons n'étaient pas identifiés par les noms de leurs propriétaires putatifs, mais par les codes des ossuaires d'où ils avaient été prélevés : « IAA 80/500 » et « IAA 80/503 ». Les tests devaient impérativement être faits « à l'aveugle » pour ne pas fausser les résultats, et Simcha et Tabor se gardèrent bien d'entrer dans les détails. Ils se contentèrent de dire au Dr Matheson que les échantillons provenaient d'un ancien tombeau de Jérusalem. « Nous essayons de reconstituer une lignée royale », avait déclaré Tabor, toujours sans mentir.

Les échantillons furent expédiés par courrier et chacun attendit anxieusement les résultats. Après des jours, des semaines et des mois d'une attente interminable, Matheson, qui ne possède même pas de téléphone portable et consulte rarement ses e-mails, appela enfin. Son équipe avait réussi à extraire l'ADN. Simcha et Tabor ne voulaient pas connaître le résultat par téléphone et se rendirent le plus vite possible au laboratoire avec une équipe de tournage. L'histoire approchait de son dénouement.

– Les échantillons que vous m'avez envoyés correspondent à des ossements humains vieux de plusieurs siècles, commença Matheson. Leurs propriétaires sont originaires du Moyen-Orient.

Afin de limiter le risque de contamination des concrétions par ceux qui les avaient manipulées (ou auraient éternué dessus), les échantillons avaient dû être rapidement désagrégés dans un laboratoire, dans l'espoir de découvrir du matériel génétique relativement préservé à l'intérieur de chaque fragment.

— Mais quand nous avons examiné vos échantillons, reprit Matheson, leur aspect n'était pas très prometteur : desséchés, petits et fragmentaires. Nous savions que l'analyse serait très difficile.

Le spécialiste expliqua ensuite que les os avaient été désagrégés dans une salle stérile par des techniciens revêtus de « combinaisons spatiales ». Des échantillons avaient ensuite été extraits puis traités, en essayant – à chaque étape – de déterminer la qualité de l'ADN. Dans ce cas particulier, les échantillons d'ADN se révélèrent passablement dégradés – ce qui, d'une part, témoignait de leur ancienneté, et de l'autre, éliminait l'éventualité d'une contamination récente, par exemple par éternuement. La question était de savoir s'ils contenaient néanmoins suffisamment de matériel génétique pour un profil significatif.

Le laboratoire de Matheson disposait d'équipements adaptés à l'étude de l'ADN endommagé. Cependant, même avec cette technologie et ces méthodes de pointe, l'ADN nucléaire des os – celui du noyau cellulaire – se révéla impossible à récupérer. Restait l'ADN mitochondrial – issu du cytoplasme – que l'équipe avait réussi à extraire. Son analyse ne permettait toutefois de n'identifier que les liens maternels. En d'autres termes, il était possible de répondre aux questions suivantes : ces deux individus – un homme et une femme – étaient-ils mère et fils, frère et sœur, ou n'avaient-ils aucun lien de parenté matrilinéaire ?

Au fil des siècles, les infiltrations périodiques d'eau avaient endommagé les chromosomes. Protégées par leurs membranes, les mitochondries – organelles intra-cellulaires d'une taille de l'ordre du micromètre – n'avaient cependant guère été affectées. Pour nous, la nature avait donc préservé l'essentiel.

L'ADN mitochondrial de tous les êtres humains est issu d'une ancêtre commune, l'« Ève mitochondriale », qui vécut il y a quelque 150 000 ans en Afrique. À la suite des grandes vagues migratoires, ses descendants se sont répandus en Asie puis en Europe, et des lignées se sont progressivement différenciées pour constituer les branches de l'humanité. Grâce à ces nuances au sein du génome mitochondrial, il a été possible de retracer une « généalogie mitochondriale » et d'établir, par exemple, que les peuples indo-iraniens avaient engendré un lignage, à l'origine de deux branches, celles des peuples germaniques et celtiques.

– Nous avons donc recueilli l'ADN mitochondrial, continua Matheson. Comme il était très fragmenté, les quantités sont infimes. Nous avons quand même pu l'amplifier et le séquencer. Ensuite, nous avons entre-pris de cloner ces fragments d'ADN séquencés, puis de comparer de nombreuses copies, ce qui accroît la vali-dité du travail.

Après ce préambule, le scientifique fit apparaître deux graphiques l'un au-dessus de l'autre sur l'écran d'un ordinateur :

IAA 80/503 – Marqueur 120 : CCAGTAGGAT
IAA 80/500 – Marqueur 120 : ACCCACTAGG

IAA 80/503 – Marqueur 130 : ATCAACAAAC
IAA 80/500 – Marqueur 130 : ATACCAACAA

IAA 80/503 – Marqueur 140 : CTACCC...
IAA 80/500 – Marqueur 140 : ACCTAG...

L'information génétique stockée dans les molécules d'ADN est transcrite sous la forme d'un code linéaire composé des lettres A, C, G, et T, correspondant à la combinaison des quatre bases essentielles d'acide nucléique : adénine (A), cytosine (C), guanine (G), et thymine (T). Chaque marqueur correspond à *une* différence sur une même séquence génétique. Les deux graphiques parallèles indiquaient donc les variations entre les deux individus.

– En termes simples, dit le paléogénéticien, nous constatons ici un certain nombre de « polymorphismes ». Nous pouvons en conclure que ces deux individus ne sont pas apparentés, tout du moins du côté maternel. Ils ne peuvent être ni mère et fils ni frère et sœur. Dans la mesure où, comme vous me l'avez dit, les échantillons proviennent d'une même sépulture, d'un tombeau de famille, ces deux personnes étaient probablement mari et femme.

*
**

Marie Madeleine, ainsi appelée dans les Évangiles canoniques, était, selon les Évangiles gnostiques, « la compagne de Jésus ». Dans tous ces textes, c'est à elle que Jésus apparaît d'abord après la résurrection. Dans l'Évangile gnostique de Marie Madeleine, c'est à elle que, un an et demi après la crucifixion, Jésus livre sa prophétie finale. Marie Madeleine est également présentée dans l'Évangile de Marie comme la préférée du Sauveur : « Certainement le Sauveur la connaît à fond. C'est pourquoi Il l'a aimée plus que nous. »

Sous la plume des scribes de la Bible, « connaître » a un sens très particulier et très intime qui renvoie à l'étymologie de la conception charnelle. Ainsi, « Adam connut Ève, sa femme ; elle conçut, et enfanta Caïn » (Genèse 4, 1) et « Caïn connut sa femme ; elle conçut, et enfanta Hénoc » (Genèse 4, 17).

*
**

L'ADN mitochondrial de Jésus était semblable à celui des tribus sémitiques qui peuplaient la région de la vallée du Jourdain à l'époque de Pilate et d'Hérode. Il portait quelques traces des génomes propres aux populations de Grèce et d'Inde, mais les mitochondries attestaient surtout une ascendance « sémitique ».

Personne ne peut dire, bien sûr, quelle était l'apparence physique de Jésus et de Marie Madeleine, mais Matheson était presque sûr que leurs cheveux et leurs yeux étaient noirs. Les cheveux de Jésus étaient probablement bouclés, peut-être même crépus. En tout cas, il ne ressemblait probablement pas aux portraits que faisaient de lui les peintres de la Renaissance et que l'on retrouve dans presque toutes les églises du monde : un homme à la peau claire, aux cheveux lisses et aux yeux bleus.

En dépit de tous les efforts de Simcha, il nous a été impossible de prélever le moindre fragment d'os de « Judas, fils de Jésus » et à plus forte raison de tenter d'en extraire un échantillon ADN. L'ossuaire 80/501 avait peut-être été nettoyé en vue de son exposition au musée d'Israël. Il n'est pas exclu qu'il soit possible à l'avenir de procéder à une analyse ADN à partir des taches couvrant les parois de l'ossuaire. Mais l'évidence s'impose d'ores et déjà : si, comme l'indiquaient les ins-criptions, Jésus était le fils de Joseph, et si le jeune Judas était le fils de Jésus, alors, selon toute vraisemblance, la mère du jeune Judas et la femme de Jésus ne pouvaient être que Mariamne, c'est-à-dire Marie Madeleine.

***

1er janvier 2006
De Simcha Jacobovici à Charles Pellegrino.
Cc : James Cameron, James Tabor, Shimon Gibson.

Salut, Charles.
La situation se présente ainsi : nous avons un tombeau à l'origine établie, des ossuaires découverts in situ, *des inscriptions qui correspondent aux récits évangéliques et maintenant des analyses ADN.*

Mais il y a aussi le mystérieux ossuaire inscrit « Jacques, fils de Joseph, frère de Jésus » apparu sur le marché des antiquités à peu près à la même époque que celle de la disparition de l'ossuaire de Talpiot. James Tabor a vérifié les dimensions de « Jacques » dans l'ouvrage de Shanks, et elles correspondent exactement à celles de l'ossuaire manquant, telles qu'elles ont été relevées par l'AAI. Si nous pouvions démontrer que l'ossuaire de Jacques est bien celui qui manque, notre thèse sur le tombeau de famille de Jésus n'en serait que plus solide.

Dans cette perspective, où en es-tu de tes analyses de la patine ? As-tu pris les « empreintes digitales » des ossuaires de Talpiot ? Correspondent-elles à celles de l'ossuaire « Jacques » ? J'ai besoin de la savoir dans les plus brefs délais.

Simcha

***

– Chapitre 14 –

UN JÉSUS DE LABORATOIRE
Charles Pellegrino

En théorie, la patine présente à l'intérieur d'une sépulture ou à la surface des objets qu'elle contient développe sa propre signature, en fonction d'un ensemble de conditions variables, notamment la nature du sol, la présence de minéraux et de bactéries et la quantité d'eau infiltrée. Les analyses spectrographiques d'échantillons de patine prélevés à la surface d'ossuaires issus d'un même tombeau et sur les parois de celui-ci doivent en conséquence révéler une « empreinte » commune.

En Israël, les géochimistes Amnon Rosenfeld et Shimon Ilani avaient d'ores et déjà effectué une analyse à la microsonde électronique sur un échantillon de la patine de l'ossuaire de Jacques. À la demande de Simcha, ils m'avaient envoyé leurs résultats, ainsi que le prélèvement. Un second échantillon du même ossuaire me fut envoyé par Vincent Vertolli, conservateur du musée royal de l'Ontario à Toronto, où un autre test au microscope électronique avait été effectué.

Si les analyses spectrographiques des échantillons pré-levés sur les murs du tombeau et les ossuaires de Talpiot présentaient toutes une signature commune, nous pour-rions la comparer à celle de l'ossuaire de Jacques. S'il y avait correspondance, il nous faudrait nous assurer que celle-ci était significative en testant des échantillons aléa-toires. Si, à l'inverse, les variations interdisaient d'établir une telle empreinte, cela signifierait que chaque ossuaire produisait sa propre patine et que nous n'avions aucun moyen de relier celui de Jacques au tombeau de Talpiot.

***

De Charles Pellegrino à Simcha Jacobovici et James Cameron.
Le 27 janvier 2006

Chers Simcha et James,
Nous sommes prêts à commencer les tests sur les échantillons
de patine prélevés le mois dernier sur les murs du tombeau — une
patine qui doit beaucoup à la terra rossa qui s'était infiltrée à
l'intérieur du tombeau, vers 200.
Il est possible que la patine du mur corresponde à celles des
ossuaires « Jésus », « Mariamne » et « Matthieu ». Si tel est le
cas, nous pourrons alors comparer sa composition à celle de
l'ossuaire « Jacques ». Mais ce n'est qu'après avoir obtenu les
premiers résultats — à supposer qu'ils soient exploitables — que
je consulterai le spectrogramme de la patine de l'ossuaire
« Jacques » envoyé par l'Israeli Geological Survey. Je ne veux pas
prendre le risque d'être influencé, même inconsciemment, par ces
données. À mon sens, une étude en aveugle est indispensable.
À bientôt,

Charles Pellegrino

***

En 2006, Bob Genna dirigeait le laboratoire de police scientifique du comté de Suffolk dans l'État de New York. À ses débuts, il évitait de parler de son métier, parce que, chaque fois, son interlocuteur tressaillait avant de lui poser l'inévitable question : « Comment supportez-vous la vue des cadavres ? » Aujourd'hui, il évite toujours de mentionner sa profession, mais pour des raisons différentes, dues en grande partie au succès de la série télévisée *Les Experts*. Désormais, quand ils apprennent ce qu'il fait, la première question que les gens lui posent est : « Quelle est l'affaire la plus effroyable que vous ayez eu à traiter ? »

Bob était peut-être la trentième personne que nous mettions dans la « confidence ». Son rôle était essentiel dans notre enquête. Avec son concours, il s'agissait de déterminer s'il était possible de prouver la singularité chimique d'un site funéraire et d'en retrouver la signature sur la patine de tout objet (bijou, arme, fragment d'os ou... ossuaire) y ayant séjourné. Si cette théorie résistait à l'épreuve des faits, ses implications auraient d'ailleurs une certaine portée dans le domaine criminel. Après tout, si une pièce de métal souillée ou un éclat de porcelaine pouvaient révéler leur provenance ou si la patine de la statue de la Liberté avait enregistré la pollution de l'air à New York pendant plusieurs générations, cette technique pourrait aussi bien permettre de relier l'arme et le lieu du crime.

Le défi scientifique auquel nous étions confrontés coïncidait avec le procès engagé contre le collectionneur Oded Golan en Israël, accusé d'avoir falsifié l'ossuaire « Jacques, fils de Joseph », acheté sur le marché des antiquités, en rajoutant les mots « frère de Jésus ». Si notre théorie tenait la route, la comparaison entre la patine de l'ossuaire de Jacques et celle de l'ossuaire de Jésus constituerait une preuve solide de l'innocence de Golan.

Les premières analyses spectrographiques furent menées sur des fragments de la matrice calcaire et de la patine prélevés sur le mur nord-est du tombeau, à l'intérieur d'un *arcosolium*. À la manière d'un prisme décomposant la lumière blanche en reproduisant la succession des couleurs de l'arc-en-ciel, les composés étaient dissociés sous l'effet de la propulsion de faisceaux d'électrons à travers des lentilles magnétiques. Sur l'écran de contrôle, chaque composant était ainsi visualisé par une bande verticale distincte.

Les parois crayeuses du tombeau se composaient principalement de carbonate de calcium ($CaCO_3$) issu de coquilles d'animaux microscopiques disparus depuis des millions d'années : les signaux du calcium, du carbone et de l'oxygène dominaient, suivis par des traces à peine décelables d'aluminium, de silicium, de phosphore et de fer.

Comme prévu, les principaux signaux de la patine des murs relevés par l'analyse spectrographique – calcium (Ca), carbone (C) et oxygène (O) – reflétaient d'abord la composition de son support, mais des nuances apparaissaient également. Le signal du silicium était ainsi relativement fort, par contraste avec les propriétés générales du calcaire de la paroi. L'analyse révéla également les signatures du magnésium, de l'aluminium, du phosphore, du potassium et, de façon inattendue, des pics élevés de titane et de fer.

– Du fer, dis-je. Au moins nous savons ce qui donne à la *terra rossa* sa couleur et son nom. C'est plein de rouille là-dedans.

Douze autres signaux émis par différents échantillons des murs et du plafond démontrèrent que le test était reproductible. En d'autres termes, de nouvelles analyses spectrographiques menées dans n'importe quel autre laboratoire à partir d'autres échantillons prélevés dans le tombeau donneraient immanquablement les mêmes résultats.

Nous nous sommes ensuite penchés sur la patine de l'ossuaire de Jésus et avons obtenu les mêmes données. Les patines de « Matthieu » et de « Mariamne » correspondaient également à celle de « Jésus » et à celle des murs du tombeau. Le test était concluant.

J'avais craint que le pourrissement des livres sacrés entreposés dans la sépulture pendant un quart de siècle n'eût créé un nouvel environnement bactérien et fongique, différenciant la composition chimique du tombeau de celle des ossuaires retirés des années auparavant, pour être stockés dans l'environnement sec et bactériologiquement neutre de l'entrepôt de l'AAI. Mais les bactéries n'avaient pas modifié de façon significative l'environnement. Selon l'analyse spectrographique, les signatures des différentes patines *concordaient*.

J'étais à présent plus optimiste. En séparant les ossuaires du tombeau, Shimon Gibson et ses collègues nous avaient rendu un fier service : il était à présent démontré que, même soumise pendant presque trois décennies à un environnement très différent, la patine des ossuaires avait conservé les mêmes caractéristiques chimiques que celle du tombeau deux fois millénaire.

Durant tout ce temps, nous nous étions abstenus de lire les résultats concernant l'ossuaire de Jacques, obtenus quatre ans auparavant au microscope électronique. Quand j'ouvris finalement l'enveloppe du Dr Rosenfeld et lus son rapport, le résultat était encore concordant, jusqu'à la présence de pics de titane et de fer.

Un résultat négatif aurait signifié que « Jacques » provenait probablement d'une autre sépulture et ne pouvait en aucun cas être le dixième ossuaire manquant du tombeau de Talpiot. Mais ce résultat positif pouvait aussi invalider notre théorie. Si la signature chimique de la patine n'était pas unique mais correspondait à tous les tombeaux de la région de Jérusalem, le test n'aurait plus aucune signification.

***

*De Charles Pellegrino à Simcha Jacobovici et James Cameron.
Le 30 janvier 2006*

Chers Simcha et James,
*Ce fut une bonne journée. Nous avons comparé les analyses
spectrographiques des échantillons prélevés à travers vingt signaux
et constaté que la composition de la patine des murs du tombeau
et de la surface des ossuaires était identique.*

*Je m'attendais à beaucoup plus de variations entre les différentes
parties du tombeau, et même entre les différentes couches du même
échantillon, mais il s'avère que, sur le plan chimique, elles sont
très faibles (dans une fourchette d'environ cinq pour cent). Les
différentes strates diffèrent davantage par des caractéristiques
comme la morphologie des cristaux que par leur composition chimique. Par analogie, on pourrait les comparer aux cernes d'un
arbre vu en coupe transversale : les couches semblent différentes,
mais avec un microscope électronique, les mêmes pourcentages de
carbone, d'oxygène et de fer apparaissent.*

*Prochaine étape : nous devons étoffer notre base de données en
analysant d'autres échantillons de patine prélevés sur d'autres
ossuaires pour les comparer à notre « empreinte ». La prochaine
phase consiste à tester l'hypothèse du caractère non significatif de
la correspondance entre la patine du tombeau de Talpiot et celle
de l'ossuaire de Jacques. Si nous retrouvons la même signature
ailleurs, notre édifice s'effondre. Dans le cas contraire, la démonstration sera faite que « Jacques » est bien l'ossuaire manquant.*
À bientôt,

Charles

***

La suite des tests se déroula le 7 février 2006 sous les caméras de James Cameron. Amnon Rosenfeld se joignit à nous. Quatre ans auparavant, en compagnie du Dr Ilani, il avait procédé, à Jérusalem, à l'analyse de la patine de l'ossuaire de Jacques. Il fut étonné d'apprendre que les résultats préliminaires du laboratoire de la police scientifique du comté de Suffolk semblaient indiquer que celui-ci provenait d'un tombeau identifié. Selon Rosenfeld, la présence de titane et de fer n'était pas un résultat anodin. En 2002, il était arrivé lui-même à la conclusion que la patine de l'ossuaire qu'il avait étudié s'était formée, à un moment donné au cours de sa longue histoire, dans des conditions de submersion partielle, en présence d'une ou deux sortes de terre rougeâtre – *redzina* ou *terra rossa* – que l'on trouve sur les collines au sud et à l'est de Jérusalem. La *terra rossa* était la plus rouge et la plus rare des deux types de sol, et présentait une teneur plus élevée en fer (presque deux pour cent).

Il fallait à présent réitérer les tests sur d'autres échantillons de patine des ossuaires de Jésus et de Mariamne. Nous envisagions également de chercher des fragments d'os et d'autres résidus biologiques dans les couches d'accrétion prélevées au fond de ces deux ossuaires.

Le premier signal de la patine « Jésus » correspondait à la signature que nous avions identifiée. Le signal 22 aussi, tout comme le 23 et le 24.

– Ce qui est primordial, c'est la présence d'éléments traces, dit Bob Genna devant la caméra, en désignant le signal 24 sur l'écran. Il s'agit de fer, de titane, de potassium, de phosphore et de magnésium. Jusqu'ici, la composition de cette section particulière de patine correspond aux éléments traces qu'Amnon Rosenfeld a trouvés dans l'ossuaire de Jacques. Tout concorde.

Le signal 25 provenait d'un échantillon prélevé dans une couche d'accrétion qui s'était formée au fond de l'ossuaire de Mariamne. Il avait été conglméré par de la silice provenant apparemment d'une *terra rossa* et infiltrée au cours de plusieurs siècles par ruissellement. Le spectrographe de la couche minérale correspondait presque parfaitement à celui des échantillons de patine provenant de la surface extérieure des ossuaires et des murs du tombeau. Toutefois, il y avait une petite différence : les niveaux de sodium, de soufre et de chlore étaient légèrement plus élevés.

Sous le microscope, on découvrit bientôt la raison de ce phénomène : des traces de minuscules vers nématodes révélèrent que le dépôt au fond de l'ossuaire avait été, au moins occasionnellement, aussi mou qu'une couche de silts humides. Les nématodes limicoles ont la particularité de décomposer les débris d'ossements ; leurs fossiles indiquaient donc qu'à un moment donné les vers de la *terra rossa* s'étaient régalés. Leur présence expliquait aisément les traces de phosphore (P) et de soufre (S) provenant des os, ainsi que celles de chlorure de sodium (NaCl), c'est-à-dire de sel. La moelle osseuse et le sang en contiennent toujours. Chimiquement parlant, le plasma sanguin, sans ses cellules, ne diffère pas de l'eau de mer.

Il y avait encore d'autres substances à la surface et dans la couche d'accrétion. Certaines étaient plus ou moins banales, d'autres ne l'étaient pas du tout. Une fibre accrochée à la surface se révéla moins intéressante que le sel : il s'agissait d'une contamination atmosphérique récente qui s'était probablement produite dans l'entrepôt de l'AAI, où l'ossuaire de Mariamne, contrairement à celui de Jésus, avait été entreposé avec son couvercle ouvert. Le fragment d'insecte découvert était, lui, beaucoup plus ancien. Il provenait de l'aile antérieure d'un coléoptère et était recouvert d'une patine riche en silice. Il est probable que ce fragment et quelques autres restes d'insectes semblablement préservés remontaient au temps de l'enterrement primaire, avant 70.

Les vers ne sont pas seulement des machines à décomposer la matière organique ; ce sont d'abord des larves d'insectes. Au cours des huit derniers millions d'années, les atomes de carbone présents dans les veines de chaque être humain ont été recyclés au moins vingt fois à travers le tube digestif d'insectes. Après la mort, ce sont les coléoptères et les mouches qui décomposent le cadavre. Les nématodes n'ont plus que les restes à se « mettre sous la dent ». Détail intéressant, quand nous avons ensuite analysé l'ossuaire de Jésus, il contenait très peu de nématodes comparé à celui de Mariamne, ce qui paraissait confirmer l'hypothèse selon laquelle les plus grands os et/ou le crâne avaient été enlevés il y a longtemps, peut-être par des chevaliers du Temple.

Les signaux 26 et 27 se révélèrent encore plus intéressants que les autres. Au fond de l'ossuaire de Mariamne, une concrétion minérale s'était formée autour d'une particule de bois de moins d'un millimètre d'épaisseur. Au microscope, les bords du fragment montraient des signes de pourrissement, indiquant qu'il avait dû faire partie d'un morceau plus grand qui avait simplement disparu. Il n'était pas nécessairement relié à la famille de Jésus, mais l'idée, je dois l'avouer, nous a traversé l'esprit.

À ce stade, nous étions prêts à étudier un échantillon de la patine de l'ossuaire de Jacques, fourni par la Israel Geological Survey. Les résultats de l'IGS correspondaient à ceux de la patine du tombeau de Talpiot, mais il nous fallait reproduire le test à New York. Sous le microscope électronique, l'échantillon révéla des centaines de minuscules fragments de fibres.

Leur analyse révéla un important pic de chlore, associé à un pic de phosphore excessivement élevé. Cette composition correspondait à celle des détergents en usage dans les années 1970 et au début des années 1980, avant qu'ils ne soient interdits au niveau international en raison des dégâts qu'ils causaient à l'environnement. Les fibres provenaient donc selon toute vraisemblance d'un chiffon imbibé de détergent qui avait servi à nettoyer l'ossuaire de Jacques au plus tard au début des années 1980 – à l'époque où l'ossuaire numéro IAA 80/509 avait disparu du site archéologique de Talpiot. C'était là, nous en étions sûrs, le signe de l'innocence d'Oded Golan. L'analyse isotopique de l'AAI avait en effet montré qu'une partie de l'inscription avait été soit falsifiée, soit *nettoyée*. Nous avions maintenant la preuve scientifique que la deuxième hypothèse était la bonne.

Une fois isolés les effets du détergent sur la composition chimique, l'échantillon de la patine de l'ossuaire de Jacques s'avéra identique à ceux des murs du tombeau de Talpiot et des ossuaires « Jésus », « Mariamne » et « Matthieu ». Ainsi l'attestaient les signaux 31, 32, 35 et 42.

Le signal 36 provenait de la matrice rocheuse sous-jacente à la patine « Jacques ». Sa composition était identique à celle des autres échantillons rocheux, à l'exception des traces de détergent.

Les signaux 37-41 correspondaient à un second échantillon de la patine « Jacques », fourni par le musée royal de l'Ontario. La patine se révéla identique à celle de l'échantillon de l'IGS, jusqu'à la contamination par des fibres de chiffon imbibé de détergent.

Il restait à prouver que la signature de la patine était unique en la comparant à un nombre suffisant d'échantillons prélevés dans d'autres sépultures semblables. À défaut, il nous était impossible de démontrer que l'ossuaire de Jacques et celui qui avait disparu du tombeau de Talpiot ne faisaient qu'un. Pour que cette preuve soit irréfutable, il nous fallait sélectionner en priorité des ossuaires recouverts d'une patine rougeâtre révélatrice de la présence de *terra rossa*.

De retour en Israël, Shimon Gibson aida Felix Golubev, l'associé de Simcha, à rassembler une collection d'échantillons suffisamment vaste. Plutôt qu'un échantillonnage totalement aléatoire, nous avions décidé de corser la difficulté en sélectionnant un pourcentage plus élevé d'ossuaires présentant des taches rougeâtres ou d'un jaune rougeâtre, semblables à celles des patines de Talpiot. Un échantillon aléatoire aurait pu ne contenir aucune trace de *terra rossa*, car les patines blanches, jaunes et grises étaient les plus courantes. La composition des patines rougeâtres avait plus de chances – ou de risques – de correspondre à celle de nos ossuaires. Leur comparaison constituerait donc le test décisif du caractère unique ou non de chaque tombeau.

Le 31 juillet 2006, la première série de tests a été effectuée dans le laboratoire de la police scientifique du comté de Suffolk, sur des échantillons d'ossuaires collectés en Israël.

Les signaux 43-46 concernaient la patine jaune rougeâtre de l'échantillon numéro 14 de Shimon et Felix. Les différences entre cet échantillon et les signatures des ossuaires de Jacques et du tombeau de Talpiot ont été immédiatement identifiables. La coloration rougeâtre était renforcée par une légère signature ferrugineuse (associée à un pic de soufre élevé et une signature de silice significativement accrue) dans la couche extérieure de la patine, donc la plus récente. Manifestement, de la vapeur d'eau riche en soufre s'était condensée sur l'ossuaire, probablement il y a un siècle ou deux. Sous cette couche, la forte signature ferrugineuse, caractéristique du tombeau de Talpiot, était ici à peine décelable, voire absente. On ne retrouva en outre aucune trace de titane. Les pics d'aluminium et de potassium caractéristiques des échantillons « Jacques » et « Talpiot » étaient également absents. Il était clair que cette patine s'était formée dans un environnement chimique distinct de ceux de l'ossuaire de Jacques et du tombeau de Talpiot.

Les signaux 47-50 concernaient les échantillons 19 et 20, prélevés dans le même tombeau. Ce type de patine nous a lancé un défi : d'une couleur rouge sombre, elle était très similaire à celle du tombeau de Talpiot, notamment s'agissant des teneurs en aluminium, en silice, en potassium et en fer, avec une légère trace de titane. Comme pour le tombeau de Talpiot, il y eut sans nul doute une ferme au-dessus de cette sépulture, car des infiltrations d'eau chargées de *terra rossa* ont manifestement concouru à la formation de sa patine. Mais ce sont les différences observées qui en ont constitué l'intérêt majeur. La plus remarquable était un signal « soufre » qui, dans la plupart des couches, s'élevait au-dessus des pics « fer » les plus hauts des échantillons « Jacques » et « Talpiot ». Cette patine présentait également des variations plus nombreuses d'une couche à l'autre, notamment des teneurs plus importantes en sodium associées à des niveaux relativement faibles de carbone. Comme on pouvait le supposer d'échantillons provenant du même tombeau, les numéros 19 et 20 étaient plus proches l'un de l'autre qu'ils ne l'étaient des patines des ossuaires de Jacques, Mariamne, Jésus et Matthieu, ou de la patine du tombeau de Talpiot. Là encore, pas de concordance.

La signature de l'échantillon numéro 30 rappelait celle de « Jacques » : elle était riche en phosphore et en chlore, révélant, là aussi, la présence d'un détergent phosphaté. Mais en dehors de cela, il n'y avait pas d'autres similarités, comme en témoignaient les signaux 51-53. En l'absence d'aluminium, de fer et d'autres traces de métaux, il était certain que cette patine s'était formée dans un environnement très différent de celui du tombeau de Talpiot.

L'échantillon 28 (signaux 54 et 55) était également très différent des échantillons « Jacques » et « Talpiot », comme de tous les autres. Le pic « titane » était absent, à l'exception d'une minuscule trace de titane pur représentée par le signal 54. Pour le reste, cet échantillon était si différent de ceux de notre tombeau qu'il aurait aussi bien pu provenir de Mars.

À l'œil nu, la patine de l'échantillon 15 (signaux 56 et 57) était semblable à celle des échantillons « Jacques » et « Talpiot », mais elle était relativement pauvre en silice, en aluminium, en titane et en fer, et présentait une forte teneur en soufre, aussi forte que celle du carbone. C'était donc une patine très différente de celle du tombeau de Talpiot.

L'échantillon 23 (signaux 58 et 59) avait lui aussi été choisi pour sa ressemblance avec les patines « Jacques » et « Talpiot ». Ici, les pics d'aluminium, de titane et de fer étaient aux bons endroits... mais non pas à la bonne hauteur. À côté d'un pic « fer » relativement réduit, l'échantillon 23 présentait de bas niveaux d'oxygène et de silice. Là encore, l'analyse spectrographique d'un fragment d'ossuaire dont la patine s'était formée dans un milieu infiltré par des coulées de *terra rossa* donnait un résultat aisément distinguable des autres. En fait, l'échantillon 23 était plus proche des échantillons 19 et 20 que de la patine du tombeau de Talpiot.

La patine blanc grisâtre de l'échantillon 26 (signaux 60 et 61) produisait une signature qui était, entre autres différences, moins riche en aluminium, en silice et en fer, et plus riche en soufre.

La patine blanche de l'échantillon 29 (signaux 62 et 63) différait des patines « Jacques » et « Talpiot » par des niveaux très faibles de carbone et d'oxygène. À la façon d'un vernis transparent, elle était presque entièrement composée de calcium et de silice.

En conclusion, après comparaison avec des échantillons de patine d'ossuaires découverts dans la région de Jérusalem, l'« empreinte » de Talpiot apparaissait unique. Sa patine concordait parfaitement avec celle de l'ossuaire de Jacques – et avec aucune autre.

À l'époque de nos tests, Oded Golan était toujours en résidence surveillée depuis plus d'un an et attendait de comparaître devant le tribunal pour répondre de l'accusation de contrefaçon.

La police, sur la base de l'enquête de l'AAI, nota que la patine de l'ossuaire présentait des couches distinctes et interpréta à juste titre ce fait comme l'indication que la patine s'était formée dans des conditions diverses de géochimie et de température. Cependant, elle affirmait que la stratification et la composition chimique uniques de la patine ne pouvaient pas s'être produites de manière naturelle dans un tombeau. Notre analyse réfutait cet argument.

À la même époque, Wolfgang Krumbein, l'un des plus grands spécialistes mondiaux en géochimie, a conduit ses propres investigations sur des échantillons de patine provenant de l'intérieur des lettres de la première et de la dernière sections de l'inscription « Jacques, fils de Joseph, frère de Jésus ». Quelles que soient les conditions de formation de la patine (en milieu clos ou découvert), Krumbein est parvenu à la conclusion suivante : « Nous pouvons affirmer avec certitude qu'une période d'au minimum cinquante à cent ans (et plus probablement une période de plusieurs siècles) fut nécessaire à la formation de la composition spécifique de cette patine, dont des traces ont été identifiées *à l'intérieur* de l'inscription. »

L'analyse du professeur Krumbein, associée aux données recueillies au laboratoire de la police scientifique du comté de Suffolk, permettait à présent d'affirmer « au-delà du doute raisonnable » que les ossuaires portant les inscriptions « Jacques, fils de Joseph, frère de Jésus » et « Jésus, fils de Joseph » avaient reposé dans le même tombeau pendant deux millénaires.

Sur le plan statistique, l'ajout de « Jacques, fils de Joseph, frère de Jésus » à la série de noms du tombeau de Talpiot prouvait de manière irréfutable que cette sépulture était celle de Jésus de Nazareth. Selon Feuerverger, le facteur additionnel représenté par l'inscription de l'ossuaire de Jacques situait la probabilité que ce tombeau ne soit pas celui de Jésus à un niveau d'environ une chance sur 30 000.

Au soir du 15 mai, le laboratoire de la police scientifique du comté de Suffolk put se targuer d'une autre grande découverte grâce à Clyde Wells, spécialiste médico-légal, qui avait rejoint l'équipe. L'ossuaire « Mariamne » était très contaminé, notamment par des poussières de fibres synthétiques provenant de vêtements modernes, du fait de l'absence de couvercle pendant très longtemps. Clyde est un spécialiste des fibres ; aussi est-il parvenu rapidement à isoler les fibres synthétiques ainsi que celles de coton modernes. Il ne restait plus que des particules de fibres, trop petites et trop précieuses pour que l'on risque de les détruire lors d'une analyse au carbone 14, mais qui étaient bel et bien très anciennes. Certaines fibres végétales, qui avaient dû être blanches à l'origine, étaient si profondément imprégnées de moisissures qu'elles avaient pris une teinte noire. D'autres, trop épaisses pour être du coton, se révélèrent appartenir à un type de lin apparemment mélangé à de la pâte à papier.

***

De Charles Pellegrino à Simcha Jacobovici et James Cameron.

Je pense que le fragment découvert dans l'ossuaire « Mariamne » que nous venons d'examiner est un fragment de linceul. Nous avons également trouvé des traces de fibres de coton profondément imprégnées de moisissures, qui appartiennent, semble-t-il, à un second linceul composé d'un matériau différent. Les fibres de coton (ainsi que les tiges fibreuses des champignons) ont été recouvertes par un mince précipité de patine minérale, ce qui veut dire qu'elles sont à moitié fossilisées et probablement anciennes. Deux types de tissus semblent avoir été utilisés lors de l'inhumation, dont un type de lin qui semble de qualité médiocre, car il est mélangé à des fibres de pâte à papier.

Je pense que nous sommes en présence du linceul de Marie Madeleine.

Charles Pellegrino

***

Nous avons également trouvé des fibres dans l'ossuaire de Jésus. Elles ont été analysées le lundi après-midi du 15 mai 2006. Il m'a fallu plusieurs heures pour évaluer la portée de ce que j'avais sous les yeux, avant d'avoir une intuition soudaine.

Les fibres de l'ossuaire « Jésus » étaient beaucoup moins dégradées que celles de l'ossuaire « Mariamne ». Au début, Clyde Wells ne put déterminer la nature de ces étranges fibres végétales. Il ne s'agissait ni de coton ni de lin, mais apparemment de paille réduite en pâte puis tissée ou pressée – sans doute le tissu le moins cher que l'on fabriquait à l'époque. Comme Clyde ignorait encore le nom inscrit sur cet ossuaire du Ier siècle, il n'hésita pas à en conclure que ces fibres provenaient d'un linceul.

Pendant plusieurs heures, je ne me préoccupai pas de ces fibres, pensant qu'il s'agissait sans doute d'une ancienne contamination par des fibres végétales ordinaires sans aucun lien avec l'enterrement de Jésus.

Vers 19 heures, j'arrivai à New York et m'apprêtai à rejoindre mon domicile pour le dîner. Alors que je me dirigeais vers l'arrêt de bus, je passai devant un prédicateur des rues. Comme chaque fois que je le croise, il me gratifia de la formule : « As-tu rencontré Jésus, mon frère ? » Comme à l'accoutumée, je le saluai de la tête et lui répondis : « Je m'y efforce tous les jours, mon frère. »

À plusieurs reprises jusqu'alors, je m'étais promené sous les lumières de Broadway et de Times Square avec des échantillons du tombeau de Talpiot dans ma sacoche d'ordinateur portable. Ce soir-là, pour la première fois, il me vint à l'esprit que personne, parmi les passants que je croisais sur les trottoirs de Manhattan, n'aurait pu croire que les reliques sans doute les plus sacrées au monde se trouvaient à quelques pas d'eux. Le secret militaire le mieux gardé était sans doute plus connu que la présence probable à New York de l'ADN de Jésus.

Une heure plus tard, j'eus une intuition sur la nature de ce qui n'était pour moi jusque-là qu'un lambeau insignifiant de fibres de paille. Simcha m'avait fait remarquer que l'ossuaire de Jésus était d'une grande simplicité. Un jour, je lui avais répondu qu'il me paraissait inachevé. Mais, comme l'attestait son couvercle qui s'ajustait si parfaitement au coffre hermétiquement scellé, l'ossuaire était bel et bien achevé. Il était seulement humble, comme devait l'être son linceul. Un ossuaire dépouillé, dépourvu de tout ornement, et un linceul composé de fibres de paille... Cette simplicité n'était-elle pas fidèle au message que nous ont transmis les Évangiles ?

Le tombeau était vide à présent. Les ossuaires qui avaient reposé dans ses niches pendant près de deux millénaires ne s'y trouvaient plus. Les crânes « gardiens » avaient disparu et la terra rossa qui s'était infiltrée presque imperceptiblement pendant un millier d'années, recouvrant d'une patine le tombeau et ses ossuaires, avait été transportée à la surface. Des immeubles d'habitation donnant sur Jérusalem et Bethléem bordaient des rues nouvelles encore sans nom.

Un jeune fonctionnaire municipal s'arrêta pour s'éponger le front en face de l'entrée du tombeau, et c'est à ce moment-là qu'il décida de donner un nom à la rue au-dessus du site funéraire. Elle porterait le nom d'un Juif qui avait combattu l'Empire britannique et avait été pendu juste après la Pâque de 1947, à l'âge de trente-cinq ans. À l'époque, certains Juifs l'avaient traité de brigand. Aujourd'hui, l'heure de sa reconnaissance était arrivée. La rue s'appellerait Dov Gruner, du nom de ce combattant clandestin qui s'était élevé contre la Grande-Bretagne dans la lutte d'Israël pour son indépendance.

– Conclusion –

Simcha Jacobovici

Durant la première semaine de décembre 2006, j'ai projeté mon film *Le Tombeau* devant un groupe de responsables représentant Discovery Channel aux États-Unis et Vision Television au Canada, deux des trois chaînes qui l'avaient financé (la troisième étant Channel 4 au Royaume-Uni).

À la fin de la projection, il y eut un silence abasourdi dans la salle de montage. Puis les dirigeants présents retrouvèrent leurs préoccupations de businessmen : « Quelle est la meilleure date pour la sortie du film ? Juste avant Pâques ? » Alors que la discussion bifurquait sur des sujets comme le nombre de pauses publicitaires ou la vitesse à laquelle la mention des sources devait défiler à l'écran, je me mis à repenser à cette prodigieuse aventure.

En fin de compte, à quoi a réellement abouti notre enquête ?

En 1980, des bulldozers ont mis au jour un tombeau à Talpiot, à mi-chemin entre la Vieille Ville de Jérusalem et Bethléem. La façade du tombeau était ornée d'un symbole étrange. À l'intérieur, il y avait dix ossuaires, dont six portaient une inscription.

Personne ne remet en cause la provenance des ossuaires. L'authenticité des inscriptions n'est pas davantage controversée. Elles ont été découvertes *in situ* par des archéologues. Le plan du tombeau a été établi, les ossuaires répertoriés et les inscriptions vérifiées.

La plus spectaculaire de ces inscriptions était la suivante : « Jésus, fils de Joseph ». Sur les milliers d'ossuaires découverts et répertoriés, seuls deux présentent cette combinaison particulière de noms. Détail intéressant, l'ossuaire est extrêmement simple. En dehors d'une croix, il ne comporte aucune ornementation, aucune rosette, aucun cercle ou dessin que l'on trouve habituellement sur ces coffrets funéraires. Cela ne prouve rien, bien sûr, mais cela correspond à ce que nous disent le Nouveau Testament et les écrits apocryphes de « Jésus, fils de Joseph ». La simplicité de l'ossuaire exprime peut-être le caractère de l'homme qui y fut inhumé, à moins qu'elle ne reflète le fait que ses disciples ne voulaient pas attirer l'attention sur sa sépulture.

De toutes les inscriptions découvertes dans le tombeau de Talpiot, « Judas, fils de Jésus » est la plus difficile à lire. Non pas que son déchiffrement soit sujet à caution ; tout le monde, depuis l'épigraphiste L. Y. Rahmani jusqu'au célèbre Frank Moore Cross de Harvard, s'accorde sur le sens de cette inscription. Mais elle est libellée dans une écriture si rapide et si cursive qu'elle est, en un sens, « cachée ».

En outre, il y a un signe en forme de croix devant le nom, gravé au moment même où l'inscription fut sculptée sur l'ossuaire. À ce stade, je dois admettre que j'ai franchi une sorte de ligne rouge. Il n'est pas de bon ton de mentionner une marque en forme de croix sur un ossuaire datant du Ier siècle devant un aréopage d'archéologues distingués. En effet, la plupart d'entre eux, les Israéliens en particulier, estiment – à tort – que la croix en tant que symbole chrétien est apparue à l'époque de l'empereur Constantin au IVe siècle, quand il fit du christianisme la religion officielle de l'Empire romain. Auparavant, le poisson, et non la croix, était le symbole en usage chez les chrétiens. En réalité, comme tout spécialiste du Nouveau Testament peut l'affirmer, la croix précède Constantin de plusieurs décennies, si ce n'est de plusieurs siècles. Ainsi, dans ses écrits, Tertullien mentionne explicitement la croix comme un symbole chrétien, un siècle *avant* Constantin.

D'où vient le symbole de la croix ? Est-il concevable que les premiers disciples de Jésus aient adopté l'instrument de sa mort comme symbole religieux ? Si les Romains avaient pendu Jésus à un arbre, ses disciples auraient-ils arboré une corde autour du cou ? Le père Jerome Murphy-O'Connor, professeur à l'École biblique de Jérusalem, estime qu'il est peu probable qu'un chrétien ait porté une croix comme symbole religieux au début du christianisme. C'était un symbole de torture, pas de rédemption.

Pourtant, à Herculanum, près de Pompéi, on a découvert une croix au-dessus d'un autel. Elle date de l'éruption du Vésuve, en 79 apr. J.-C, moins d'une cinquantaine d'années après la crucifixion. Au lieu d'essayer d'expliquer la présence d'une croix dans ce lieu, les spécialistes lui ont dénié toute signification religieuse, en prétendant que cet « autel » n'était qu'une étagère. Et que penser des centaines de croix découvertes sur des ossuaires remontant à l'époque de Jésus ? « Il s'agit de marques de maçon, et non de croix », répètent en chœur les archéologues.

Les « marques de maçon » sont des signes que les tailleurs de pierre gravaient pour que leurs clients sachent comment aligner le couvercle sur l'ossuaire. À cette fin, ils marquaient des croix sur les coffres *et* sur les couvercles. Par définition, s'il n'y a qu'une croix sur un ossuaire, celle-ci ne peut être une marque de maçon. Cela ne veut pas dire qu'une croix n'a jamais cette signification. Cela veut dire qu'une croix antérieure à Constantin ne peut être automatiquement qualifiée de marque de maçon. Et si ce n'en est pas une, il faut bien qu'elle signifie *quelque chose*. Par exemple, dans le tombeau de Talpiot, il y a manifestement une sorte de croix au dos de l'un des ossuaires non inscrits. Pourquoi se trouve-t-elle là, à côté de l'ossuaire « Jésus, fils de Joseph » ?

Quant au « X » figurant à côté de l'inscription « Jésus », étant donné qu'il n'y a pas de signe correspondant sur le couvercle, il n'y a aucune raison d'en conclure qu'il s'agit d'une marque de maçon. Alors, quelle peut être sa signification ?

Cette question n'est pas si difficile à élucider. Le fait est que, depuis le temps d'Ézéchiel, plus de cinq siècles avant Jésus, le « X », et sa variante, la croix, était un signe symbolisant la droiture : « Et l'Éternel lui dit : Passe au milieu de la ville, au milieu de Jérusalem, et trace un *Tau* sur les fronts des hommes qui soupirent et gémissent à cause de toutes les abominations qui se commettent au-dedans d'elle » (Ézéchiel 9, 4).

Le « *tau* », ou le « *tav* », est la dernière lettre des alphabets hébreu et araméen. C'est également un mot – *tav* en hébreu et *tau* en araméen – qui signifie littéralement « marque » ! Il signifie la fin d'une route, et peut-être aussi un nouveau commencement. Dans ce passage d'Ézéchiel, cette *marque du juste* est un symbole protecteur qui différencie ceux qui sont voués à la rédemption de ceux qui sont voués à la destruction. Dans ces conditions, pourquoi les archéologues s'acharnent-ils à considérer le *tau* de l'inscription « Jésus, fils de Joseph » comme une marque de maçon ?

Si tout cela vous semble trop ésotérique ou trop tiré par les cheveux, sachez simplement que Jésus se désignait lui-même comme un « *tau* » vivant. Au chapitre premier de l'Apocalypse, Jésus, en référence à la première et à la dernière lettres de l'alphabet grec, prononce ces célèbres paroles : « Je suis l'Alpha et l'Oméga » – Je suis le début et la fin. Mais, comme on le sait, Jésus s'exprimait en hébreu ou en araméen, et non pas en grec. S'il a bien prononcé ces paroles, il a nécessairement utilisé la première et la dernière lettres des alphabets hébreu ou araméen, et dit : « Je suis l'Alef et le Tau. » Certains philologues affirment que la lettre « Tav », qui primitivement avait la forme d'une croix, n'avait plus cet aspect à l'époque de Jésus. Mais cet argument ne tient pas compte du fait que, pendant près de six siècles, le *tau* avait représenté le signe du juste. Au Ier siècle, ce signe était donc un symbole religieux vieux de six siècles et devait être représenté comme il l'avait toujours été : comme un « X » ou comme le signe « + ».

Je suis bien conscient qu'un « X » sur un ossuaire n'est pas nécessairement un *tau* ; réciproquement, on ne peut pas considérer tous les « X » comme des marques de maçon. Les textes de Tertullien ou d'Ézéchiel, l'autel d'Herculanum et la désignation de Jésus comme un *tau* interdisent de nier l'usage de ce symbole au Ier siècle.

L'idée selon laquelle la croix des disciples gentils de Jésus est une évolution d'un symbole antérieur en usage chez les juifs et les judéo-chrétiens n'est pas nouvelle. Au IIIe siècle, Origène, l'un des Pères de l'Église, écrivait :

On interrogea les juifs pour savoir si la lettre *tav* était commentée dans les traditions de leurs ancêtres. Le réponse fut la suivante : l'un d'eux dit que la lettre *tav*, l'une des vingt-deux utilisées par les juifs, était la dernière dans l'ordre enseigné. Pourtant, bien que la dernière, elle a été choisie pour symboliser la perfection de ceux qui, du fait de leur vertu, se désolent des péchés du peuple et plaignent les pécheurs. Une deuxième personne dit que la lettre *tav* était le symbole de ceux qui observent la Loi, étant donné que celle-ci, appelée par les juifs Torah, commence par la lettre *tav*. Enfin, une troisième personne, appartenant au nombre de ceux qui étaient devenus chrétiens, dit que les écrits de l'Ancien Testament montraient que le *tav* est un symbole de la croix et l'archétype du signe que les chrétiens ont coutume de marquer sur leur front avant de commencer leurs prières ou d'entreprendre la lecture des prières et des écrits sacrés. Origène, *Selecta in Ezechielem* (PG 13, 799-802).

Ainsi, dès l'époque d'Origène, les chrétiens savaient que le *tau* avait précédé la croix comme symbole de perfection et d'observance de la Loi. Dans ces conditions, pourquoi devrait-on être surpris de trouver un *tau* sur un ossuaire juif ou judéo-chrétien ? Pourquoi minimiser le fait qu'un *tau* soit inscrit sur l'ossuaire « Jésus, fils de Joseph » ?

En 2006, je me suis rendu à Naples, au commissariat de la Terre sainte, pour rencontrer le père Ignacio Mancini. Le père Mancini est vieux et souffre des pieds. Il marche d'un pas traînant, aidé par un novice. Pendant trente ans, il a vécu à Jérusalem à l'église de la Flagellation, tenue par les Franciscains. Il a travaillé sous la direction du célèbre père Bellarmino Bagatti, moine et archéologue. Il est également l'auteur de *Découvertes archéologiques relatives aux judéo-chrétiens*, ouvrage publié pour la première fois par l'Imprimerie franciscaine de Jérusalem en 1968. Le père Mancini y répertorie des centaines de *tau*, de croix et d'autres marques qui semblent liés aux premiers disciples de Jésus. Pourtant, tous ces signes du christianisme primitif ont été ignorés par les savants biblistes, laïcs ou chrétiens. Pourquoi ?

Là encore, la réponse n'est pas difficile à trouver. Durant deux mille ans, les judéo-chrétiens ont représenté une source d'embarras pour les chrétiens comme pour les juifs. Pour les juifs – persécutés par les chrétiens –, parce que les judéo-chrétiens leur rappelaient que Jésus avait eu des adeptes juifs des siècles avant l'avènement du christianisme gentil ; pour les chrétiens, parce que les judéo-chrétiens qui avaient connu Jésus, rompu le pain avec lui et écouté ses enseignements étaient des juifs qui observaient le Shabbat et les règles

267

de la kashrout, pratiquaient la circoncision, et rejetaient les concepts de la virginité de Marie et de la Sainte Trinité.

En conséquence, les judéo-chrétiens disparurent dans les oubliettes de l'histoire. En dehors d'un petit cercle de savants, plus personne ou presque n'eut connaissance de leur existence. Pourtant, selon Mancini : « On ne peut rejeter indéfiniment toutes les preuves. Ces gens ont existé, et ils ont laissé derrière eux des preuves archéologiques. Le christianisme ne s'est pas développé comme par magie sur un vide théologique et social. »

Mancini n'est pas le seul à penser ainsi. Depuis 1873, d'éminents spécialistes de la Bible et archéologues comme Charles Simon Clermont-Ganneau, le père Sylvester Saller, Eleazar L. Sukenik, le père Bellarmino Bagatti, Claudine Dauphin, Jack Finegan, et d'autres encore, ont apporté des preuves archéologiques de l'existence des judéo-chrétiens. On peut sans doute mettre en question certaines preuves, mais on ne peut rejeter systématiquement *toutes* les preuves. Depuis près de cent cinquante ans, c'est pourtant ce qu'a fait la communauté scientifique à l'égard des premiers disciples de Jésus. Cette attitude conduit inévitablement à l'incrédulité lors d'une authentique découverte qui bouleverse les paradigmes, comme celle du tombeau de Talpiot.

D'aucuns pourraient estimer que toute tentative pour lier des ossuaires à certaines figures du Nouveau Testament est un non-sens par définition. Mais là encore, des savants n'ont pas hésité à le faire. Comme nous l'avons vu, des ouvriers du bâtiment ont découvert en décembre 1990 une grotte funéraire datant du Ier siècle à l'extérieur de la Vieille Ville de Jérusalem. À l'intérieur se trouvaient onze ossuaires, dont deux portaient le nom de Caïphe. L'un d'entre eux, le plus ornementé, aujourd'hui exposé dans la collection permanente du musée d'Israël, porte deux fois l'inscription « Joseph, fils de Caïphe ». Aujourd'hui, la plupart des spécialistes du Nouveau Testament considèrent cet ossuaire comme celui de Joseph, fils de Caïphe, le grand prête qui, selon les Évangiles, fut responsable de la mort de Jésus. Pourquoi ce qui est valable pour l'ossuaire du procureur ne le serait-il pas pour celui du condamné ? Il ne s'agit pas d'une position scientifique, mais d'une attitude politique.

Ce n'est pas tout. Selon les Évangiles, sur le chemin de croix, un juif venu de Cyrène, grand centre de la diaspora juive situé dans l'actuelle Libye, qui séjournait à Jérusalem pour la Pâque, aurait aidé Jésus à porter sa croix. Simon de Cyrène, comme le nomme Marc (15, 21), semble avoir été marqué par sa rencontre avec Jésus, à tel point que les Évangiles rapportent qu'avec son fils Alexandre il devint son disciple. En 1941, on découvrit un ossuaire qui portait, gravés dans la pierre, les mots « Alexandre, fils de Simon », « Simon » et « Cyrène ». Les spécialistes s'accordent généralement à penser que les personnes inhumées dans cette sépulture correspondent bien aux personnages éponymes du Nouveau Testament.

Les dizaines de milliers de visiteurs qui passent chaque année devant la chapelle dédiée à Simon de Cyrène, sur la Via Dolorosa, ignorent cette découverte. Pourquoi ? Parce qu'elle déroge aux dogmes théologiques et archéologiques : elle ne convient ni aux juifs ni aux chrétiens... pas plus qu'aux archéologues, quelles que soient leurs orientations politiques ou religieuses.

La découverte la moins ébruitée, à l'exception du tombeau de Talpiot, est cependant celle de l'ossuaire de Shimon bar Yonah. Selon la tradition chrétienne, le premier pape fut Pierre, l'un des douze apôtres de Jésus. Bon nombre d'historiens de l'Église primitive considèrent qu'après la crucifixion, Pierre devint l'un des chefs de file de la nouvelle religion et, selon certains, un opposant à la vision paulinienne du christianisme. La tradition nous dit que Pierre mourut en martyr à Rome et fut enterré dans un cimetière situé sous l'emplacement de la basilique qui porte son nom au Vatican. Il n'y a pas le moindre commencement de preuve que Pierre ait été inhumé à cet endroit, et ce n'est pas faute d'avoir essayé d'en trouver. Des fouilles ont été entreprises, des ossements sont apparus puis ont disparu, on a découvert des monuments et des cimetières païens... mais pas de Pierre. Pas même une seule tombe juive ou chrétienne après tant d'années d'efforts.

En 1953, Bellarmino Bagatti découvrit une « nécropole judéo-chrétienne » sur le mont des Oliviers. Elle se situe en un lieu consacré par le christianisme, appelé le Dominus Flevit. Selon la tradition, c'est là que Jésus contempla le Temple et qu'il pleura en songeant au sort qui attendait l'édifice sacré. Dans ce cimetière, le père Bagatti découvrit des dizaines d'ossuaires du Ier siècle, dont l'un a pu appartenir à Pierre.

Comme chacun sait, « Pierre » n'est pas le vrai nom de l'apôtre. C'est la traduction du surnom qu'a donné Jésus à « *Shimon bar Yonah* » – « *Petrus* » est la version latine de l'araméen « *Képhas* ». Parmi les ossuaires du

Dominus Flevit, le père Bagatti découvrit, tracée à la craie noire, l'inscription « *Shimon bar Yonah* » – « Simon fils de Jonas ».

Shimon était le nom le plus répandu parmi les juifs du Ier siècle. Mais le nom biblique « *Yonah* » était tombé en désuétude à l'époque de Jésus. Sur les centaines d'ossuaires répertoriés, l'ossuaire « Simon, fils de Jonas » est le seul dans son genre. Cela aurait dû lui valoir les gros titres de la presse internationale. Si l'on avait découvert une telle inscription sous le Vatican, il serait immédiatement devenu un objet de vénération et de pèlerinage. Mais elle a été retrouvée à Jérusalem, dans un environnement judéo-chrétien. Voilà pourquoi il gît abandonné dans un minuscule musée, à l'arrière de l'église de la Flagellation.

Le point important, c'est que le tombeau de famille de Jésus ne peut être coupé de son contexte. Il n'est que le dernier exemple de découvertes liées à Jésus, dédaignées parce qu'elles concernent des objets archéologiques que certains auraient préféré voir enfouis *ad aeternam*.

Si l'ossuaire de Jésus était apparu mystérieusement sur le marché des antiquités, on l'aurait déclaré sans intérêt du point de vue archéologique et statistique. Mais il a été découvert *in situ* par des archéologues. En conséquence, la question de savoir si oui ou non il s'agit de la sépulture qui abrita jadis les restes de Jésus de Nazareth *peut* faire l'objet d'une enquête. Et s'il s'agit vraiment de son tombeau de famille, les informations que recèlent les ossuaires retrouvés à côté du sien peuvent être confrontées aux données historiques dont on dispose.

À côté de « Yeshua bar Yoseph » (« Jésus, fils de Joseph »), Yoseph Gat, Amos Kloner et le jeune Shimon Gibson ont découvert un ossuaire qui portait l'inscription « *Maria* », écrite en lettres capitales. *Maria* est la version latinisée du nom biblique Myriam. Dans la Judée du Ier siècle, près d'un quart des femmes s'appelaient Myriam. Cela prêtait à confusion à l'époque, comme aujourd'hui. C'est la raison pour laquelle les Évangiles complètent souvent la mention du nom Marie : « Marie, femme de... », « Marie, mère de... et de... », « Marie, sœur de... et de... », « Marie, de la ville de... », etc. Avec un quart de la population féminine portant ce nom, il fallait constamment préciser de quelle Marie on parlait.

L'*Ave Maria* est l'une des prières les plus connues et les plus répandues de toute la chrétienté. Elle suggère que, dans la tradition chrétienne, la mère du Seigneur est toujours désignée par le même nom : *Maria*. Il n'est jamais question de Myriam ni de Marie de Nazareth, ni de Marie, la femme de Joseph, mais toujours de Marie.

Oublions un instant le tombeau de Talpiot. Si l'on découvrait quelque part un ossuaire portant le nom de la mère de Jésus, quelle inscription porterait-il ? Puisque tout porte à croire qu'elle était juive, nous nous attendrions à découvrir son nom écrit en hébreu ou en araméen. Nous ne serions donc pas surpris de trouver l'inscription « Myriam ». Et nous n'aurions aucun doute si les mots « femme de Joseph » ou « mère de Jésus » étaient accolés à son nom. Mais il est tout aussi spectaculaire de trouver un ossuaire portant les quatre lettres hébraïques *mem*, *rech*, *yod* et *hé*, qui forment la version latinisée de son nom, *Maria*, comme il nous a été transmis depuis deux mille ans.

De tous les ossuaires répertoriés par les scientifiques, seuls quelques-uns ont été découverts avec la version latine de « Myriam » inscrite en lettres hébraïques. L'un d'eux provient du tombeau de Talpiot, où, pendant deux millénaires, il veilla silencieusement sur l'ossuaire voisin, celui de Jésus, fils de Joseph.

L'inscription « *Maria* » du tombeau de Talpiot nous fournit-elle la preuve irréfutable que cet ossuaire a abrité autrefois les restes de la Vierge Marie du Nouveau Testament ? Bien sûr que non. Mais, à tout le moins, la découverte en 1980 des noms Jésus, Joseph et Marie sur deux ossuaires d'un même tombeau aurait dû déclencher une série d'investigations scientifiques. Ce n'est pas ce qui s'est produit. Des archéologues sans compétence statistique estimèrent que ces noms étaient si courants dans la Judée du Ier siècle que leur présence conjointe relevait d'une coïncidence.

En outre, aux côtés des ossuaires « Jésus, fils de Joseph » et « Marie », se trouvait un troisième ossuaire avec quatre lettres hébraïques bien nettes gravées sur un côté : *yod*, *vav*, *samech* et *hé*, ce qui donne « *Yos'e* ». Coïncidence encore, selon l'Évangile de Marc, la plus ancienne, Joses, était le surnom de Joseph, l'un des frères de Jésus.

Les Évangiles (Marc 6, 3, et Matthieu 13, 55) nous précisent que Jésus avait quatre frères : Shimon (Simon), Yehuda (Judas), Yoseph (Joseph) et Yacov (Jacques). Celui de Marc mentionne au moins deux sœurs. Selon la tradition chrétienne primitive (Épiphane de Salamine, *Panarion* 78, 8-9), elles s'appelaient Shlomit (Salomé) et

Myriam (Marie). Se fondant sur un corpus d'inscriptions antiques, les scientifiques ont déterminé que Simon était le nom le plus répandu au premier siècle (vingt et un pour cent), que Joseph se plaçait juste après (quatorze pour cent), suivi par Judas (dix pour cent) et Jacob (deux pour cent). L'inscription « *Yos'e* » découverte dans le tombeau de Talpiot est quant à elle unique en son genre ; elle n'a été retrouvée sur aucun autre ossuaire. Nous disposons de très peu d'informations sur Joses. Nous savons seulement qu'il n'est pas resté à Nazareth et, qu'avec Jésus et sa mère Marie il a fini ses jours à Jérusalem.

L'ossuaire suivant, « [Voici les ossements] de Mariamne alias Mara », est encore plus surprenant. Il nous a livré ses secrets au fil du temps. Nous avons appris qu'indépendamment de la découverte de Talpiot, d'éminents spécialistes avaient conclu que le vrai nom de Marie Madeleine était « Mariamne », une variante grecque de Myriam. On retrouve cette mention chez Origène, l'un des Pères de l'Église, qui appelle Marie Madeleine « Mariamme », chez Épiphane de Salamine et dans des textes apocryphes comme la *Pistis Sophia*. Mais le texte décisif fut celui des Actes de Philippe.

Cet apocryphe relate la mission évangélique de Philippe, frère de Marie Madeleine. Des passages de ce texte sont connus depuis près de deux mille ans, mais c'est seulement en 1976, alors qu'ils effectuaient des recherches dans la bibliothèque du monastère de Xenophontos au mont Athos, que les professeurs François Bovon et Bertrand Bouvier en découvrirent une version presque complète. Il s'agissait d'un manuscrit du Ve siècle, probablement la copie d'un texte antérieur. À ce jour, il n'a été traduit qu'en français, en 1996, de sorte qu'il est passé relativement inaperçu dans les milieux scientifiques.

Selon une tradition chrétienne plus tardive, Marie Madeleine se serait réfugiée en France après la violente répression romaine contre le mouvement chrétien primitif. Si ce récit est fondé, son ossuaire ne peut pas se trouver à Jérusalem. Mais la tradition plus ancienne rapportée dans les Actes de Philippe indique qu'après avoir accompagné son frère en Asie mineure, Marie Madeleine serait retournée à Jérusalem, où elle aurait fini ses jours. Le tombeau de Talpiot concorde avec cette version.

Une autre tradition chrétienne dépeint Marie Madeleine comme une pécheresse que Jésus sauve de la lapidation et comme une femme anonyme qui lave les pieds de Jésus et les sèche avec ses cheveux. Rien dans les Évangiles ne permet pourtant d'identifier Marie Madeleine avec l'une ou l'autre de ces femmes. Les Écritures indiquent seulement que Marie Madeleine se trouve toujours au côté de Jésus, notamment lors de sa mort et de sa résurrection : elle est au pied de la croix, la première à découvrir le tombeau vide puis à rencontrer le Messie ressuscité. Seuls des textes apocryphes comme l'Évangile de Marie Madeleine ou les Actes de Philippe nous procurent des informations plus complètes sur le personnage. Ils la dépeignent comme l'« apôtre bien-aimé ».

Dans le Nouveau Testament (Première Épître aux Corinthiens, 16), Jésus est présenté comme un « *Mara* » ou « Maître ». De façon symétrique, l'inscription « Mariamne » s'achève par ces mots : « alias Mara ». Il s'agit de l'unique inscription grecque du tombeau de Talpiot. Philippe était l'apôtre des Juifs hellénophones de l'ancien Israël. Comme nous savons que Mariamne, sa sœur, l'accompagnait dans son ministère ; elle devait probablement parler grec.

En théorie, il est possible d'imaginer que la seconde Marie (« Mariamne ») du tombeau de Talpiot puisse être Myriam, le sœur de Jésus, bien qu'aucune source ne la désigne comme un « maître » ou ne donne une version grecque de son nom.

En 2005, les résidus humains prélevés dans les ossuaires de Jésus et de Mariamne ont été soumis à des tests ADN qui ont démontré qu'ils n'étaient pas apparentés. S'ils n'étaient ni mère et fils ni frère et sœur, ils ne pouvaient être que mari et femme.

Depuis le succès phénoménal du *Da Vinci Code*, l'idée que Jésus ait eu une femme et des enfants fait maintenant partie de l'imaginaire collectif. Diverses sociétés secrètes ont souscrit à cette croyance depuis des siècles, si ce n'est deux millénaires. Mais peut-on l'étayer ?

Assurément, les Évangiles dissimulent un lourd secret. Celui de Jean, par exemple, masque délibérément l'identité du « disciple bien-aimé », celui que Jésus aimait plus que les autres. Personne ne sait pourquoi cet individu est identifié non pas par son nom, mais par référence aux sentiments qu'éprouvait Jésus à son égard. Si l'on s'en tient au texte, et quoi qu'en dise le *Da Vinci Code*, il s'agit d'un personnage masculin. Mais que savons-nous d'autre à son propos ?

Lors de la Cène, dans le texte johannique, le disciple bien-aimé est décrit « penché sur la poitrine de Jésus ». Qui d'autre qu'un enfant pourrait s'installer ainsi pour se faire câliner ? Cette interprétation n'est pas nouvelle. Le célèbre peintre allemand Albrecht Dürer, dans sa magistrale gravure sur bois représentant la Cène, a placé un jeune garçon sur les genoux de Jésus.

Mais cette scène n'est pas le seul épisode énigmatique impliquant un jeune garçon dans les Évangiles. Marc (14, 51) nous dit que, lorsque les soldats du grand prêtre vinrent arrêter Jésus, « un jeune homme le suivait, n'ayant sur le corps qu'un drap ». Ils essayèrent de se saisir de lui, « mais il lâcha son vêtement, et se sauva tout nu ». Pourquoi Marc nous livre-t-il ce curieux détail ? Manifestement, il s'agit d'un personnage important. Alors, pourquoi dissimuler son nom ?

Le mystérieux disciple bien-aimé réapparaît au pied de la croix. Il semble qu'il soit le seul personnage masculin, en raison de son jeune âge, qui accompagne Marie Madeleine et Marie, mère de Jésus, à la crucifixion. Selon les Évangiles, les Romains avaient posé une couronne d'épines sur la tête de Jésus et, au-dessus, un écriteau portant les mots « Roi des Juifs ». À l'époque, chacun connaissait le sort qui attendait les successeurs légitimes d'un roi déchu. Autrement dit, si Jésus avait un fils, un héritier mâle prétendant au trône davidique, mieux valait cacher son existence.

Jean rapporte que Jésus vit sa mère en compagnie du disciple bien-aimé au pied de la croix. Jésus s'adresse à elle : « Femme, voici ton fils ! » Puis, se tournant vers le disciple bien-aimé, il lui dit : « Voici ta mère ! » (Jean 19, 26-27). Confie-t-il son fils à sa grand-mère ?

Il existe une autre hypothèse, d'ailleurs suggérée par certains spécialistes : Marie Madeleine aurait été souvent remplacée dans les Évangiles par Marie, mère de Jésus, afin de dissimuler son rôle dans la vie du Seigneur. On peut alors interpréter l'épisode précédent d'une autre manière : il s'agirait des derniers mots d'un homme à l'agonie, adressés à sa femme, et non à sa mère, lui demandant de surmonter son chagrin et de protéger leur fils d'un danger imminent.

Quelle que soit notre interprétation des Évangiles, l'ossuaire découvert dans le tombeau de Talpiot nous révèle le nom du jeune garçon : « Judas, fils de Jésus ». Judas est-il le disciple bien-aimé ? A-t-il suivi son père le soir de son arrestation ?

Tous les éléments concordent – les Évangiles, les textes apocryphes, les analyses ADN et les découvertes archéologiques. Jésus avait un fils, qui repose aux côtés de son père, de sa mère, de son oncle et de sa grand-mère dans un tombeau de famille situé à mi-chemin entre leur demeure ancestrale de Bethléem et Jérusalem, où Jésus espérait établir son trône dynastique.

L'ossuaire de Jacques est l'artefact qui m'a lancé dans cette aventure. Au début, l'inscription « Jacques, fils de Joseph, frère de Jésus » fut présentée comme une découverte archéologique exceptionnelle. Puis plusieurs experts israéliens déclarèrent que la mention « frère de Jésus » avait été rajoutée par un faussaire. Cette accusation n'a jamais été étayée. Au contraire, en 2006, le Dr Wolfgang Krumbein, professeur au département de géologie de l'université d'Oldenburg, a publié un article sur Internet, dans lequel il soutient la thèse de l'authenticité de l'intégralité de l'inscription.

C'est là que l'intrigue se corse. Nous savons que dix ossuaires ont été répertoriés, mais que seulement neuf ont été entreposés. Le dixième a disparu entre Talpiot et le siège de l'AAI. Lors de sa découverte, les archéologues avaient remarqué son caractère dépouillé, tout à fait semblable à l'ossuaire de Jacques. Nous disposons en outre du rapport préliminaire d'Amos Kloner, qui précise ses dimensions exactes. Selon ce rapport, l'artefact IAA 80/509 – l'ossuaire manquant – mesure 30 centimètres de hauteur. Celui de Jacques mesure 30,2 centimètres de hauteur. L'ossuaire IAA 80/509 mesure 26 centimètres de largeur, tout comme celui de Jacques. Enfin, l'ossuaire manquant mesure 60 centimètres de longueur, contre 56,5 pour celui de Jacques. Il est possible, comme cela a été suggéré, que, comme l'ossuaire de Jacques a été cassé durant son transfert vers Toronto, pour être ensuite réparé, sa longueur originelle ait été légèrement modifiée. Mais cette explication n'est pas nécessaire. Étant donné la nature de la première inspection et le fait que les mesures de l'ossuaire manquant ont été arrondies, il se peut fort bien que la mesure initiale de la longueur ait été erronée de 3,5 centimètres.

Oded Golan, le propriétaire de l'ossuaire de Jacques, en possède une photo en noir et blanc datant de l'époque où il dit l'avoir acheté. La photo fut envoyée à un laboratoire de Washington qui détermina qu'elle n'avait pas été retouchée et qu'elle avait été imprimée sur un papier Kodak dont la vente avait été interrompue en 1980, l'année même de la découverte du tombeau de Talpiot.

Il existe encore un autre indice probant : l'analyse de la patine des ossuaires de Talpiot a révélé une signature chimique qui concorde avec celle de l'ossuaire de Jacques et, jusqu'ici, avec aucune autre.

Même si l'on décide d'exclure Matthieu – dont le nom évoque la lignée de Marie –, Joses et Jacques de l'analyse statistique, la probabilité pour que la présence conjointe des noms Jésus, Joseph, Marie et Mariamne à l'intérieur d'un même tombeau relève d'une coïncidence infime. Encore une fois, tous les éléments concordent pour identifier le site de Talpiot avec le tombeau de famille de Jésus de Nazareth.

Dans la Bible, on peut lire ceci : « Une étoile sortira de Jacob, un sceptre s'élèvera d'Israël » (Nombres 24, 17). Pendant des millénaires, on a vu dans ce passage une référence au Messie promis. Simon Bar-Kokhba, le chef de la révolte juive qui combattit les Romains entre 132 et 135, et qui fut proclamé Messie par Rabbi Akiva, le plus grand sage de la période talmudique, fit frapper des pièces de monnaie ornées de l'étoile de Jacob. C'était sa façon de revendiquer le trône de David et de revendiquer son statut de messie. Son nom lui-même, Bar-Kokhba, signifie « Fils de l'Étoile ».

Jésus n'a pas levé d'armée, pas plus qu'il n'a fait frapper de monnaie. Mais il croyait sans nul doute à sa vocation messianique et à son accession au trône d'Israël, tout comme ses disciples. Finement gravé sur le couvercle de l'ossuaire de Jésus se trouve un symbole. Cette marque fut probablement exécutée par celui qui, la mort dans l'âme, accomplit la tâche de placer les ossements de Jésus dans l'ossuaire, puis de rabattre le couvercle. Là, sur le couvercle, ce disciple – peut-être ce parent – inconnu de Jésus avait gravé un symbole simple mais reconnaissable entre mille... une étoile.

Table des matières

Composition PCA
44400 – Rezé

Impression réalisée sur CAMERON par
BRODARD ET TAUPIN
La Flèche
pour le compte des Éditions Michel Lafon

Imprimé au Canada
Dépôt légal : mars 2007
N° d'impression :
ISBN : 978-2-7499-0623-2
LAF 949